國家出版基金項目
NATIONAL PUBLICATION FOUNDATION
重慶市出版專項資金

來知德全集（輯校）

第六册

# 來瞿唐先生日録·中（影印）

〔明〕來知德 撰
郭東斌 主編
劉重來 薛新力 學術審稿

重慶出版集團
重慶出版社

圖書在版編目（CIP）數據

來瞿唐先生日録．中 /（明）來知德撰；郭東斌主編．
—影印本．—重慶：重慶出版社，2021.6
（來知德全集：輯校）
ISBN 978-7-229-15303-8

Ⅰ．①來… Ⅱ．①來… ②郭… Ⅲ．①來知德（1525-1604）—文集 Ⅳ．① B248.99-53

中國版本圖書館 CIP 數據核字 (2020) 第 189918 號

**來瞿唐先生日録 · 中（影印）**
LAI QUTANG XIANSHENG RI LU · ZHONG（YINGYIN）
〔明〕來知德 撰　郭東斌 主編

---

**總 策 劃：** 郭　宜　鄭文武
**責任編輯：** 郭　宜　王　娟
**美術編輯：** 鄭文武　王　遠
**責任校對：** 何建雲
**裝幀設計：** 王芳甜

---

**重慶出版集團**
**重 慶 出 版 社** 出版

重慶市南岸區南濱路 162 號 1 幢　郵編：400061　http://www.cqph.com
重慶市聖立印刷有限公司印刷
重慶出版集團圖書發行有限公司發行
E-MAIL:fxchu@cqph.com 郵購電話：023-61520646
全國新華書店經銷

---

開本：787mm × 1092mm　1/16　印張：27.25
2021 年 6 月第 1 版　2021 年 6 月第 1 次印刷
ISBN 978-7-229-15303-8
**定價：340.00 元**

---

如有印裝質量問題，請向本集團圖書發行有限公司調換：023-61520678

---

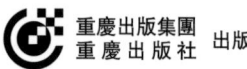

# 《來瞿唐先生日録·中（影印）》編委會成員

# 總目録

# 目録

來瞿唐先生日録 省覺録序

覺悟始於定志。志愈定則悟愈精。嘉靖丙辰，先生入京，見薛敬軒録，帥題絶句于京師壁云：昔年行遠不知遠，今日登高始覺高。知遠知高大近午，泗濱佇目駕飛舠。又題了心歌尾云：泰山巖巖海汪汪，洙泗眞源派許長。蘭橈桂槳鶩一航，排閶闔，登宮墻，大叫仲尼坐明堂。鳴球佩玉共趨蹌，回琴點瑟繞鏗鏘。又題[illegible]篇尾云：南山峨峨石磊磊，天風吹爾作海[illegible]孔子孟軻[illegible]遭鑱鏗喬松萬遍死。假令不得其中意，縱生萬遍亦如此。踆烏白日啄人髓。鑿不得死，倏忽爾歸來乎，歸來乎，山有蕨，水有芷、窮鬼笑錢神。錢神笑窮鬼。又昭君解云，自甘命薄付紅顏。玉集金鈿長不掃。觀數詩，則先生甘貧樂道之志。少時已定矣。故先生常云，丈夫得志無窮達。先生之樂道，猶世人之樂功名富貴也。此數詩散入于諸稿之中，昨見年譜，始知皆丙辰年所作。又戊寅先生遺謗，乃題云，他山攻處偏成玉。苦李時來也自甜。誰道南山高萬尺，行行便到祝融尖。又題新畫太極圖云：箇中原有先天易，壁上新添太極圖。曰與包羲相揖讓，人間那得此儿夫。言者心之聲，觀前後之詩，則先生覺照之功，造次顛沛，未嘗一日作輟。故先生嘗對人曰：公卿難到，聖人可學。夫以先生用功如此之密，則聖人豈不易學哉？此孟子求之有道，得之有命一章之意。先生約爲八字，海内聞此八字者，即有領悟。先生起頑立儒之功甚大，而不知艮工心獨苦。先生用功如此其密也。用功之密者，以志定故也。學者必合格物圖諸篇。并省覺録及諸詩。觀之斯見先生之功。見先生之志矣。

後學王廷章識

# 重刻來瞿唐先生日錄

## 省覺錄

○學者惟變化氣質最難。聖人教許多門人，都是因病而藥，變化氣質。

○從來聖人不曾教人不讀書。但讀書要識痛癢。如讀「學而時習之，不亦悅乎」，便思學是學何事，習是習何事，悅是悅何事。都將身心體貼出來，便不枉讀書了。若不能領悟，讀五車三十乘也是閑。

○孔子以顏子好學，乃曰不遷怒，不貳過。學者多怒罷了。蓋七情之中。惟怒最害事。而過者亦人不覺察之常也。因顏子平日領夫子克己復禮之訓。視聽言動。皆以禮。所以不遷不貳。若己還克得未盡禮還復。得未純。則未免於遷之貳之矣。此處學者將四勿功夫體認既从。方得不然。將不遷不貳不免輕看。

○某常教人不必致良知者。何也。蓋良知本我所固有。非由外鑠我也。譬如山下出泉。泉脉日日流行。本山所自有者也。但或土泥淤塞。則泉不流矣。惟决去其土泥、則泉自流行、又何必於泉上用功夫哉。泉脉者、天理也。土泥者、人欲也。故致良知、惟遏人欲。

○人無欲、以義理爲主、自冲淡、自寧靜、自不東補西湊。

○學者志衰、只是見小。

○形與性、相爲附麗而不可離者也。形勝性、則天地之性、皆管屬於形。性勝形、則五官百體、皆管屬於性。形勝性者、常人也。性勝形者、聖人也。然則欲性

勝其形何道以能之惟去其形之所欲而已口之于味目之於色耳之於聲四肢之於安佚者皆形之所欲也無欲則聖人矣

○問絶四之後此心景象如何曰如明鏡如止水曰有物感之時此心又何如曰亦如明鏡亦如止水蓋此心雖有外物之感然物各付物妍者吾與之以妍媸者吾與之以媸明鏡止水有何與焉曰若無物感此心有思慮之時又如何曰亦如明鏡亦如止水蓋雖有思慮然所思慮者皆天理

之公而無一毫人欲之私，此之謂動亦静也。於明鏡止水又何與焉？蓋心之動者乃氣，而有主不動乃理。

○凡曰知者，謂其眞知此理也。學知、困知皆滯于聞見之知者也。若能眞知其理，雖聞見亦何害哉？故曰及其知之一也。故曰我非生而知之者，好古敏以求之也。聖人之言自是確實。

○學者纔能覺，卽能變舊習；纔能覺，便長進。

○天地惟誠，所以四時行，百物生，萬古如此。聖人無欲所以居天下廣居立天下正位行天下大道巍乎有成功煥乎有文章博厚配地高明配天悠久無疆無欲則一團實理故誠。

○天之與我也管攝之以數我之事天也奉若之以理管攝乎我者富貴乎我也貧賤乎我也奉若乎天者富貴不以道得不處也貧賤不以道得不去也不由乎命惟由乎義吾身皆天理則我與天一而天即我矣故不怨天人之處我也責備之以理我之處人也安遇之以數責備之者毀譽乎我也

予奪乎我也。安遇之者若毀之者。不以道自此數也。奪之者。不以道自此數也。惟論乎數。不論乎理。吾身安所遇則我與人一。而人即我矣。故不尤人。

○悟道要如酒醉已醒了。有明師指之方句句有覺。若猶未醒。只見夢中說。

○張橫渠云。絕四之外。心可存處。蓋必有事焉。而聖不可知也。此言恐不是。若絕四之外。心可存處。是又即禪家所謂。以楔而逐楔也。近思錄云。人心作主不定。正如一箇翻車。流轉動搖。無須臾停。所感。

萬端若不做一箇主。怎生奈何。張天祺昔嘗言自約數年。自上著牀。便不得思量事。不思量事後須強把他這心來制縛。亦須寄寓在一箇形象。皆非自然。君實自謂吾得術矣。只管念箇中字。此又爲中所繫縛。且中亦何形象。如橫渠。此言即念中字意也。

○要曉得人心原無欲

○三戒是閑邪功夫。敬字是存誠功夫。譬之術煉家、必將此身築塞煉已。身上無病痛。方可溫養。三戒。

即去病痛功夫也。徼。字即温養功夫也。若身上倘
有病痛。豈能温養哉。
○丹鉛録云。萬漚起而復破。水之性未嘗忘也。萬燈
起而復滅。火。之性未嘗忘也。漚燈情也。水火。性也。
情與性魄與魂也。如依此録以魂魄認作情性則。
情性二字。還看不真。可見聞道由于頓悟。苟不能
頓悟而惟出入于聖賢文字之間。雖華顛鉅儒讀
盡五車三十乘。亦不能知之。殊不知性字即是理
字。魂魄通是氣。依于體魄而不離。及死則散者。魂

也。有形體死而不散者魄也。天屬魂地屬魄。日與火屬魂金與水屬魄。氣體之外。又言魂魄者。蓋以氣體之神而靈者言之也。

○道在心無存亡。人之心有存亡。

○羅仲素從楊龜山講易。至乾九四一爻。龜山云。曩聞伊川先生說甚好。仲素即鬻田裹糧至洛見伊川。其所聞亦不外龜山之說。古人之篤志若此。

○志向大功夫不小者狂也。功夫小志向不大者狷也。

○能盡其性則生亦可也死亦可也何也盖能盡其性則我卽天矣又何死生之足云仲尼以萬世爲生亦此意

○心中無一物就能與天地參

○人千病萬病只是要粧點粉飾令其好看令其適意以承順此血肉之軀

○神龍無欲故變化莫測聖人無欲故處富貴貧賤死生如寒暑晝夜相代而未嘗有意必固我于其間

○人心本靈活出入無時莫知其鄉惟在人覺照爾聖人仁義禮智存于心覺照得熟故睟面盎背施于四體四體不言而喻因熟了不知所以然而然所以說聖而不可知之謂神

○心中方有一毫欲心便粗

○黄勉齋序晦庵集云求道而過者病傳註講習之煩以爲不立文字可以識心見性不假脩爲可以造道入德守虛靈之識而昧天理之眞借儒者之言以文佛老之說學者利其簡便自以爲悟若立

論愈下者則又崇獎漢唐比附三代以便其計功謀利之私。二說並立。高者陷于空無。下者溺于卑陋。其害豈淺鮮哉。此言正中今日之病。

○窮理不難。但既窮其理矣。以理而見之躬行爲難。精義非難。必有事焉。而集義爲難。使不能行其理集其義。則窮之精之者。猶未至也。○故知德非難而成德爲難。是以有宋周、程、張、朱、許多門人。日講窮理精義。而反不如司馬君實。不言而躬行。確實也。

〇天之生我有氣有理魂魄者氣之神情性者理之神

〇孔子曰吾十有五而志於學三十而立四十而不惑聖人垂教萬世豈虛語哉故人能聞道縱四十巳後未能曉也張橫渠少年談兵喜獵李延平少年豪勇夜醉馳馬數里而歸及後聞道少年之事亦何害哉聖人教人不曾教人生出來八歲之時就無過許人改過故不遠復者即曰元吉

〇王陽明云凡人言語正到快意時便截然能忍默

得意氣正到發揚時便翕然能收歛得憤怒嗜慾正到騰沸時便廓然消化得此非天下之至勇者不能也陽明此條乃覺照切實功夫後學收心者不可忽也

○萬箇公卿不如一箇聖人然公卿難到聖人可學學者做不上去只是志衰程子曰學者爲氣所勝習所奪只可責志此言說得好當玩之

○學者惟克己主敬窮理三件事程子以主敬爲入門朱子以窮理爲入門某則以克己爲入門

○世儒只知瞑心閉目是靜。不知此心如有思慮。當人事擾攘之時。皆天理之公。而無一毫人欲之私。也是靜何也蓋理主于一而不動我既主于理則凝然不動矣。即所謂人生而靜也。從來儒者。惟周茂叔知此。故曰主靜立人極。

○周子曰無欲則靜虛動直。孔子謂人之生也直。此直也。孟子以直養而無害。此直也。蓋陽明則直故乾其動也直是以大生焉。

○常人之目。只見其利。不見其害。只見其得。不見其失只見其一己不見天下國家只見一時不見萬世。

○聖人作易惟教人以中以正楊誠齋文節公知此意。

○莫之爲而爲者天也莫之致而至者命也故求之有道得之有命仁人心也義人路也故求則得之舍則失之。某平生以此作欄柄。日間惟知此夜間惟知此日間知此所以不東奔西馳夜間知此所以不東思西想。

〇天下古今。有治有亂。人之一身。有窮有通。有吉有凶。就如天上之月。缺了又圓。圓了又缺。所以聖人作易。教人以正。教人以中。既中既正。聽其天之命我窮通吉凶矣。圓也可。缺也可。

〇學者只是看此身。原是參三才。靈萬物。出來世上要成一个人。要繼往聖開來學。所係匪輕。則朝夕之間。自然如臨深淵。如履薄冰。發憤忘食。樂以忘憂。不知老之將至矣。

〇莫要看堯舜周孔太高了。要想均是天地之人。何以聖人不可做但看顏子少年就說舜何人也予何人也有爲者亦若是只在人志向如何耳如孟子集義必有事焉而勿正心勿忘勿助長能如此就是聖人矣。

○堯舜傳道說人心道心通就心之發動上說孔門說誠意者此也所以某說戒慎恐懼非存養者以此堯舜原不說存養存養之說蓋因佛氏而起也。何也道心乃與生俱生我之固有未動之時純是道心何必存養惟方動之始此人所不知而已獨

知之之時乃有人心所以當戒懼慎獨

○人不怕有過但患不能改耳如湯聖人也而仲虺稱其改過不吝自古英君誼辟皆改過不吝

○問天地陰陽止二者矣而又有五行何也蓋五者中數也天數五地數五天地之數五十有五此所以成變化而行鬼神天地雖是陰陽其中有變有合故天干逢六則合地支逢六則變所以天地間萬事萬物皆不能出其五如以人身言有五體五官五臟以人身之道理言有五性五倫五事以萬

物言有五蟲以養萬物之物言有五穀五色五臭五聲五味皆不出其五若陰陽無變合是死物也天地亦幾乎息矣

○下學方上達無下學功夫卽上達不得

○人無禮義則卽與禽獸一與草木一有禮義則卽與天一故曰朝聞道夕死可矣故曰罔之生也幸而免故養父母不過酒肉也而乃曰至於犬馬皆能有養不敬而無禮義則比之犬馬者以此

○人心如鐘大叩則大鳴小叩則小鳴不叩則不鳴

隨其叩與不叩。無意必固我之私。此正學也。或不叩而鳴。或大叩小鳴。或小叩大鳴。此有意必固我之私。詞章功利之學也。若不許人叩。清淨自在。而坐此禪學也。

○天地惟誠實有此理。所以千古此天地。萬古此天地。動物千年是動物。植物千年是植物。所以不變自無間斷。實有是鏡。實有是水。所以能照物。若水濁鏡有塵。必不能照物也。人心惟實具此五性之理。所以虛靈不昧。可者人同曰可。否者人同曰否、若有人欲之私，則不誠矣。必不能明，所以物格而後知至。故學者此心必如水鏡，無私方能照物，故反身而誠，樂莫大焉。

○見獵有喜心，乃習心也。昨遊關中，始見張橫渠所生之地在大山之下。

○讀書有法，要讀得自在，不覺勞苦。每日當有課程，看每日何書，口當講誦，口方覺勞苦矣，即轉而于手，手書寫，方覺勞苦矣，即轉而于腳，或出看田園，或赴會所，或應賓客朋友，又如家貧，子路負米，曾子耕作梁山歌是也人生在世豈能出五行之外有田則有租有身則有庸有家則有調調者算度也一家之調度也既有其家雖寒儒家貧然上父母下妻子外而親戚朋友一家日用豈無調度故既口誦讀手書寫之外又當移脚脚移方覺倦怠則于書房中瞑目靜坐心主乎息息依乎心澄此心于不識不知之天令其皡皡如也既靜坐之久乃出而徑行或臨水邊或坐山麓或就松風或移竹影乃轉而用功乎心或作新文或改舊句使五

體五官轉相效勞今日如是明日亦如是而一切聲利得失聽乎其天置之度外而不問不使其塡塞此物于我之胸中則此心寬舒自在優游厭飫雖讀書猶不讀書心與理相爲浹洽自不覺其日進而月長矣此雖舉業當如是要之正學功夫亦不外此也康節云心不過一寸兩手何拘拘身不過數尺兩足何區區何人不飲酒何人不讀書奈何天地間自在獨堯夫一生讀書不忙惟用此法是以嘗自在不覺勞苦每日長歡喜手舞足蹈

省覺錄 十三

而自得以其心與理拚也。雖千事萬事紛紜叢雜在前，此心亦不震動。今人讀書多是進銳，多是無恒，多是以酒色財利功名得失夾雜交戰於其間。又或本中人以下之資，而所友非其人，無夾持之功，是以鹵莽滅裂，讀則悶倦，故心於理不相拚，身與道不相干。偶登第之後，即買櫝還珠，墮甑不顧者，決有由矣。

○人之爲善者此心也，爲惡者此心也，見妖怪者此心也，見祥瑞者此心也。故先輩云：一念之善，景星慶雲。一念之惡，妖星厲鬼。蓋心之所至，氣必至焉。高宗夢帝賚良弼者，以恭默思道也。孔子夢周公者，以志欲行周公之道也。近日吳康齋夢孔子文王朱子者，以志在心學也。心之所思，氣之所感，有是心，即有是夢矣。人死一夢而已。鄉村人將死時言見閻羅者，正此意也。蓋平日講死之事，乃閻羅所掌。心之所思，在此將死而偶夢，豈不見乎。

○聖門不說陰德報應者，何哉。蓋道我所當行，德我所當得，非本分之外加毫末也。如說報應，是私矣。

是有心爲善矣故正誼不謀利明道不計功董子之學爲醇正而陰德之說止可以諭鄉人俾勉其爲善若陰果之說愈荒唐矣

○人心無氣象惟無欲者自得之而已在平居時此心常有六月天氣寅卯日出之時松竹之下清風徵來此一个氣象在勢利中此心常有萬仞之山一道瀑布飛泉我獨觀於其旁此一个氣象在塵世堀堁之中此心常有登五岳之巔獨立於其上杯拳山川此一个氣象處親戚鄉黨此心常有冬

日無風，衆人同焉。繁日梅花爭發，置酒賞之，不恐摘伐此一箇氣象。

○鳥獸各有自得之性，如麋鹿之在山，鳧鷗之在水，皆有自得之性焉。家中養鵝鴨，秋成穀熟之時，田中有穀如無水，亦不多食。若三五日不得水，偶至水中，卽刷羽泅水，徊徘飛揚，不勝其喜焉。蓋水物故也。北人養鵝，稻粮非不具也，然汚濁不似鵝形者，無水不得適其性故也。世之爲利祿而如北方之鵝者無限。

○先輩云萬物靜觀皆自得又云月到天心處風來水面時此景極有興趣識得此趣便是鳶飛魚躍活潑潑地我終日有此趣便就坦蕩蕩無入而不自得所以塵視冠冕然識此趣豈幸得哉孟子集義功夫所到也

○顏子惟他說仰之彌高鑽之彌堅瞻之在前忽焉在後方見得他用功密處蓋志道之人乍晴乍雨或作或輟所以仰彌高鑽彌堅瞻在前忽在後矣卓見者見分明也末由者未能信手拈來也

○人見富貴即敬之及見富貴之人行事不合道理心私賤之然則敬富貴者非眞敬也敬其炎熱而已人見貧賤即鄙之及見貧賤之人行事若合道理心私慕之然則鄙貧賤者非眞鄙也鄙其淒涼而已故學者當修己不可俾人外貌恭敬而心私賤惡

○天下之人氣性之偏就與天下之山相似山有偏於東南者有偏於西北者有上偏而下正者有下正而上偏者有大勢偏而小處正者有遠望正而

近處偏者有偏而甜輭者有偏而猛暴者若其間方圓正直獨立不倚者萬無一二余曾見一家之人有其夫性嗜羊肉其妻惡其腥雖點汚之器亦必置之他室此夫妻之性各偏也其父種松以其青青可愛至於子盡伐之更種櫟以其便於取薪此父母之性各偏也兄嗜牛脯其弟好佛以殺牛者有大罪至其家見其席上設之卽合掌念佛此兄弟之性各偏也夫一家之人父子夫妻兄弟其氣性各偏殊如此況天下億萬之人乎故當時令甫

之爲相非立心誤國也但偏執而自不知耳故學者克自己之偏須當如天下之山當闢則闢當培則培

○命不如人則當勤苦勉強立身揚名以造其命勤苦者勞其筋骨束餓其體膚也使能立身揚名爲聖爲賢則前之命不好者實命之好也非造其命而何蔡虛齋有云德好命不好顏回任貧夭命好德不好王侯同腐草卽此意

○世間有富貴之君子有貧賤之君子有爲君子而

亨一世君子之名之君子有埋光鏟彩沒世不聞之君子有少年不羈晚年聞道之君子有遭逢世變忠義發於一時偶然之君子有萋菲成其貝錦東擯西竄之君子有富貴之小人有貧賤之小人有享君子之名人初不識死後方覺之小人有曾學君子一時富貴之來脚跟不定改節之小人有立心欲爲君子但氣稟學術之偏不覺流而爲小人之小人

○人之辱人或呼爲小人或指爲禽獸彼必不平以

爲辱已之甚矣及觀其所作所爲皆小人禽獸之事夫不當其名而甘爲其事豈人之不明也哉不反已故也故反已自訟能知已之罪過之人絶少

○聞人謗已不動心便是實體得不怨天不尤人功夫久之査滓便通融化

○力除閑氣固守清貧此康齋實歷語

○易曰小人用壯君子用罔罔者無也言視有如無也此君子之過於勇也小人以壯爲壯君子以無爲壯不動聲色以逸待勞能忍人之所不能忍豈

不過於勇哉故有形之勇易無形之勇難

○要高恐高成孤絕要高又要平實要深恐深欠光明要深又要灑落要淡恐淡成懶散要淡又要細密

○凡雇工人小厮之類或得一菜一殽必欲與父母者窮困已外窮則反本良心發見故也至於宰相之子及富家郎反不愛敬父母者安逸已外溺其良心故也

○唐至元二年加試貢士老子元宗時詔舉人減尚

書論語策加試老子夫以此設科取士可以觀學術矣而何望天下後世之愚民不日趨於老佛也

○在山中二十餘年顏子不遷怒功夫十年前以覺可能至於不貳過則不能學蓋大過可以不貳至於小過則難小過多在言笑毫忽之間失於覺照偶然而出又因飲酒幾亂聖人惟酒無量不及亂然則亂也者非小過乎

○不好貨則廉不好勇則謙不好色則身心安靜精神完固學者其庶乎

○儒者將以應世不似佛家終日只在虛空中作伎倆而已如達而出來就要幹功業爲國爲民掀天震地如窮而不出來便要明道淑人以先覺覺後覺不可埋頭塞耳繩趨尺步腐草無瓤

○學者講學專要勝人始終是好勇的氣質未變道理無窮彼此講明即是不必言自我出門戶自我立也

○毀譽者人之常情也見人毀我而怒譽我而喜亦人之常情也殊不知毀與譽在人我何與焉止謗不

若自修學者已知如此做功夫矣至若譽我者將何如哉亦惟勉強自修以求不負譽者之望而已且又人情巧詐見人即誇奬以爲歡喜之緣此正近日之所好尚者我雖至誠待人亦當曉得切不可見人謗我而怒誇我而喜喜則志驕矣

○人生有我之偏有稟剛惡而偏者有稟柔惡而偏者有公卿世胄其所見者皆富貴僭擬之事所交者皆諂諛奔走之人養成自高自傲而偏者有少有才名偶得明公品題自以爲是而偏者有風俗

宇內在方皆有性因習氣而偏者故克己之功非
止一端大抵嗜蔬菜者其病易治茹肥膩者其藥
難醫

○常見人居山者則說狩獵之話居澤者則說舟楫
之話居市井者則說貿易之話居儒林者則說翰
墨之話居京師者則說百官宗廟之話居邊徼者
則說虜掠戰鬥之話近僧人則說後世近道流則
說金丹頭之所戴足之所履耳之所聞目之所見
足乃爲箕良冶爲裘近朱則赤近墨則黑故習俗

移人賢者不免故孟母三遷政欲掃除舊習當如臨陣對敵以勝爲主

○凡講心學不可亂與人講必俟其問之諄切而後言之近日有一等讀孔顏之書者說及孔顏心學不惟不聽卽嚙牙瞋目罵不絕口者此等之人可以言哉孔子曰有鄙夫問於我空空如也我叩其兩端而竭焉孔子大聖也必待鄙夫問而後告使不待其問而告不幾於癡人前說夢闤闠中彈高山流水之調哉故曰中人以上可以語上也中人

以下不可以語上也君子引而不發躍如也中道而立能者從之故大叩則大鳴小叩則小鳴不叩而自鳴者爲妖鐘鋼刀賣與烈士紅粉賣與佳人同聲相應同氣相求古今類如此

○力量不足强去買田强去起樓竪柵自家苦楚自家呻吟何益之有不富而潤屋不可笑哉聞道之人食决不求飽居决不求安

○孟子得集義功夫義理心上爛熟所以開口有好議論近日只講空寂所以三句不離本行

（一）要皆慧難得而易失者時難進而易退者學便有長進便不知老之將至

（二）人在世間好勇好貨好色皆其切實之病史謂沛公前在山東貪財好色今財物無所取婦女無所御其志非小孟子説王猶足用爲善蓋爲其好勇好貨之類直言之而不諱足用爲善者此也孔子乃分爲三等少好色壯好勇老好貨蓋三者皆人之欲也非少時不好勇好得也但少時急於好色緩於勇貨壯時急於好勇老時日暮途窮急於好

貧故孔子就其急處言之人能超脫於此三者則不邇聲色不殖貨利之域矣此切實功夫學者都以眼前錯過了

〇聖人無病賢人善醫病凡民一身通是病有一等凡民不知己之有病有一等凡民也知己之有病也曉得病痛只是諱疾

〇程子人問漢文多災異漢宣多祥瑞何也曰譬之小人多行不義人却不說至君子未有一事便生議論此一理也至白者易污此一理也詩中幽王

大惡爲小惡豈王小惡爲大惡此一理也此言說得好極透人情蓋做好人乃十目所視者做不好人人已知其不長進不責備矣然則做學者豈可使人不責備哉故做眞儒必每每受人之誚

○閒者不論我隱逸在極靜處不論我在仕途極動處只要我心閒妙哉妙哉說到此處恐天下知此境者少天下何曾尋得一箇心閒的人出來蓋無欲方閒無意必固我如明鏡止水者此閒之象也

○聖賢功夫在朝夕日用上講求以求所謂大中至

正而已不在矯強立異此道在富貴如堯舜爲天子也行得在貧賤如仲尼爲匹夫也行得蓋遵道而行不論貧賤富貴也如陳仲子豈不苦節梁武帝豈不將身通捨在寺上然矯強立異竟成其私所以孟子說自繫馬千駟以至一介不以取與人者無非求其大中至正而已千古聖賢俟之不惑考之不謬者正在此

○仲尼顏回之樂周茂叔每每教人尋之此樂豈只聖賢有哉常人亦有之但自家去苦楚耳蓋因人

氣禀原好勇好貨好色凡宮室飲食男女適要勝
過人不肯安常處下終日只將此數件在理料又
加以近日科舉之學興東名不成西利不就其間
就有許多勞擾只在奔波過歲月所以不知孔顏
之樂

○經曰人藏其心不可測度也彼此對面遊心千里
人豈知之哉學者毋自欺功夫惟當自覺照而已
常思遊心妄想萬起萬滅亦無益也旣妄想無益
何不俾此心寂然瑩然

○仁乃生生不息之理孟子說乍見二字極說得好蓋乍見之時良心偶發無物欲沉滯於中全是一團天理所以爲仁之端程子在乍見二字看得眞所以說心如穀種生之性是仁

○從孔氏之學曰就其切實從釋氏之學曰就其妄誕空而復追其空非妄誕而何深造自得非切實而何

○孟子說居天下之廣居立天下之正位行天下之大道得志與民由之不得志獨行其道世間這樣

丈夫何處做去只是無欲

○人之資質美者多做名卿名相但較之為學又不免偏終非中庸且如人氣節要剛大而襟懷又要洒落如汲長孺儘有剛大氣節但恐止成就得剛直一邊臨事固要公直而存心又要忠厚如張九齡豈不公直但又恐近刻薄些度量要寬洪而檢身又要細密如劉寬輩儘寬恕但或者少細密操討蘊蓄要深厚而志趣又要高明如張華揚雄輩豈不博古通今但高明意思終少此孔子所以以

清以忠許人而不許人以仁正學之當講正在此也不然止成一節之士

○驕心吝心妬心貪心慾心好殺心皆心也至於此心發覺有罪愆則悔心生焉是悔心也正天地一陽初復之心也可見人雖賢愚不同此良心無時無刻不存止因私意蔽之故諸心生耳此所以克已功夫爲學聖第一條

○學者做功夫要覺其所不覺何以謂之不覺且如性好多言此氣質之性之偏也心雖知已之多言

或者偶然不覺而出便要常常覺照我多言處此之謂覺其所不覺也或性好猛暴或性好矜誇皆是此功夫臨陣對敵要強人之所不能強忍人之所不能忍久而久之便是把氣質變化過便是將生鐵炒鎔成熟鐵便是把瓦坏燒過成甎

○腹中當一饑一飽不可時時飽此天道盈虛人事消長之理也說及此處信手拈來處處是道

○學者涵養得深厚沉渾最妙

○豪傑之士處於富貴之中若不知處富貴卻成

箇人偹漢

○無求到處人情好雖是一句常言不可以便忽之

○先輩云有所爲而爲者皆利也近日學者以此句論君子小人之儒可謂誅儒者之心其議論誠精矣但自楊廣設科之後讀孔子之書以應科者果有爲乎果無爲乎故科目陷士子於不肖於兹可見

○前輩說用舍無與於己行藏安於所遇命不足道也學者做功夫須做到命不足道處方能自得

〇見道分明郎樂〇莫作一鄉一郡人

〇易曰男女構精萬物化生蓋男女之交感乃天地之氣化非男女之私也釋氏不知此義乃以男女爲恩愛妄緣而生此處大頭腦旣見得不透則小肢小體又安能見得透所以釋氏將居處如牢獄妻子如伽鎖財物如重擔親戚如寃家

〇聖賢說話說個小人而無忌憚也人只是有所忌有所憚就做好事了中人爲善畢竟如此故曰君子懷刑

○肥酨厚髀人皆貪之而不知病我腸臓者此物也美姬艷婦人皆貪之而不知損我精神者此物也高爵厚祿人皆貪之而不知禍我身家殺我子孫者此物也三者於我何加焉人乃貪饕不已以至殺身亡家者弗思故也佛雖異端之教非吾儒中庸之道然彼知世人所貪在此三者乃盡去而黜之故中國梵刹遍地以為西方之聖人

凡處不要緊之人與不要緊之事不可狎侮忽畧道要謹慎細密就是聖人不泄邇功夫吉凶悔吝

道在此上面生

○儒者惟不知老之將至就能死而後已嘆老悲窮不免白髮嫁人

○世間千條萬緒消不得我一箇理字千思萬想消不得我一箇數字千横萬逆消不得我一箇忍字

○爲學如燒窯火候到了自然煙清脚亮

○做官太慈愛行不得太猛暴堪不得

○義理無窮讀書到老不曉得到老

○大丈夫以天下爲一家以萬物爲一體既不知事

親從兄則一家之内且乖戾矣况仁民愛物乎故
曰君子務本孝弟爲仁之本故曰堯舜之道孝弟
而已矣
○好勇好貨好色殺身也是此三件亡家也是此三
件殃及子孫也是此三件不好勇好貨好色保身
也是此三件保家也是此三件揚名後世也是此
三件
○長要想自家一身乃太倉中一粒江海中一滴氈
裘中一毛何以充塞古今便有長進

○凡立身行道之人受人無根之謗就當知是我之數不當歸罪於所謗之人其進以禮退以義猶夫初也誰人背後無人說此雖俚言可採擇焉好察邇言其此之類乎

○有三五十年之身有千萬年之身

○君子行事苟出於天理之公而無一毫人欲之私雖事出於人情之外亦不失其令名

○孟子說養志蓋心爲上體次之所以養體次於養志也曾子養志孟子止以可許者以人子之分無

窮耳今人養體且有歎矣況養志乎蓋緣科目之設人生八歲之時不教以灑掃應對進退之節且教以文章技藝之末都養成驕傲猛很所以成材也難

○科舉之士倘有拂意處不可怨天尤人要曉得自家內中必有一件不如人處非學不如人則命不如人居官亦然不能陞擢者非政事明敏行已清卓不如人則命不如人以此自處便心長安泰

○學者能學為君子如偶然不幸縱遭天來大禍其

君子之名愈光蔡西川遇黨人之禍其禍何禍哉死後趙章泉哭之以詩云鵑叫春林復遁時鴈回霜月忽傳悲蘭枯蕙死迷三楚雨暗雲昏礙九疑早歲力辭公府檄莫年名與黨人碑嗚呼季子延陵墓不待鐫辭行可知千古之下哭西山者獨此詩爲冠然以名　黨人之碑爲榮則當時之禍反不爲西山之重哉

○古今無不受謗之聖賢以方正故也媚世取寵則鄉愿矣

〇人做儒者要識天下人之情性天下之人有傲氣得一點根蔕沒得的且如孔子講道於宋宋郎將木伐之講道者孔子與門人相講也與宋何干講於木下與木何干郎孔子而我等愚劣可知矣郎宋人而天下之人可知矣

〇世人傲惰人貧賤忽畧人老醜乃是世人常態若吾儒將此放在心上終是查滓未融

〇孔子曰一言而可以終身行之者其恕乎這恕字如體認不到豈特外人豈特百姓就是父之於子

也體不到母之於女也體不到夫之於妻也體不到所以說充拓不去則天地閉賢人隱

○中也者天理人情之至也梁武帝宗廟以麵爲犧牲商紂暴殄酒池肉林皆不近人情非天理之自然所以均敗亡

○元城先生自遷謫時以父母惟其疾之憂遂絕欲自絕欲三十年來氣血意思只如少年終日接士友劇談雖夜不寐翌朝精神如故每日觀書未嘗晝寢歲時家廟跪拜七十有二未嘗廢闕心嘗前

知兩月前覺必有變異果長子一˙˙皆絕欲之驗也

○做王公有王公不可了之心做宰相有宰相不可了之心做百官有百官不可了之心做庶人有庶人不可了之心做僕吏有僕吏不可了之心做婦人有婦人不可了之心做婢妾有婢妾不可了之心做乞人有乞人不可了之心了之心是出世之人矣故曰大人者不失其赤子之心者也赤子之心純一無僞不起不滅之心也明鏡止水之心也

戲之則喜當喜而喜之心也鞭之則哀當哀而哀之心也

○游子問謝子曰公於外物一切放得下否謝子曰可謂切問矣胡子曰將何以答之謝子曰實向他道上面做功夫來胡子曰如何做功夫謝子曰凡事須有根屋柱無根折却便倒樹木有根雖剪枝條相次又發如人要富貴要他做甚必須有用處誇討要用處病根將來斬斷便沒事愚常說人千思萬想千計萬較左右是奉承此血肉之軀此軀

好勇好貨好色萬般都從此三者之根發生而已
將此三者根苗斬斷就事事擺脫得去

○人之爲善非朝爲善而暮即成善人之名也惟君子以小善不可忽也久而久焉而萬善聚於我矣人之爲惡非朝爲惡而暮即成惡人之名也惟小人以小惡不足損也久而久焉而萬惡聚於我矣故曰泰山之霤穿石殫極之綆斷幹

○有人從余遊甚稱老子和其光同其塵挫其鋭解其分知其雄守其雌爲天下谿知其白守其黑爲

天下谷將欲翕之必固張之將欲弱之必固強之將欲廢之必固興之將欲奪之必固與之以爲處世之道莫過於此矣余曰此老子平生佛口蛇心之術一團私意安得如孔子一言而可以終身行之者其恕乎言忠信行篤敬蠻貊之邦行矣恭寬信敏惠上不怨天下不尤人何等光明何等省事所以孔門之道正其誼不謀其利明其道不計其功無意必固我之私所以與天地合其德與日月合其明與鬼神合其吉凶老氏安足置之齒哉然

老子之言亦有不可廢者如身與名孰親身與貨孰多甚愛必大費多藏必厚亡知足不辱知止不殆此皆名言又不可以人而廢也

○妄想心有種種焉有無根胥壞之想有有根不常日用之想有過去追悔之想有過去自慶自足之想有未來圖謀之想有希望其來將來不來既來復去鬱結不安之想有臨關對敵之想有喜後怒後之想有平生所戀熟景載夢載覺新舊往來不斷之想有知絕妄想晝夜挑持一時未曾覺照偶

爾入心之想有知絕妄想持守不定一寒一暴之想有知絕妄想想別物以止妄以栟逐栟之想有知思道理夾雜私意以行之之想有氣稟執拗認入欲爲天理之想有空想其邪想之不行之想有實想其邪必欲見諸行事之想萬起萬滅種種雜有不同然原其所想者不過好勇好貨好色三者而已故勇貨色三欲者千欲萬欲之樞紐也千妄萬妄之根柢也斬根斷紐方可學聖

○獨者人所不知而已獨知之者也慎獨者慎其已

所獨知而不自欺也人之一身手持足行目視耳
聽人皆得而見之惟心人不得而見已所獨見所
以聖賢做功夫教人慎獨此千載理學之秘訣也
然是獨也豈已所獨坐而後可慎哉凡每日間處
妻子奴婢事父母君長接鄉黨賓客臨民聽政飲
食言語大而萬事萬物之煩以至毫厘絲忽之微
靜而闃寂淵默之時以至堀堁轇轕之際少欺其
心皆非慎獨也今之學者多喜人終日端坐殊不
知坐與行視與聽皆此身之所不能免者如心少

有所欺則終日之端坐亦猶終日之端行也孔子曰非禮勿視非禮勿聽非禮勿言非禮勿動此其至切之功夫矣豈教人終日坐哉若終日端坐無天無地無人無我畢竟是禪

○孟子說人皆可以爲堯舜初學聽之似駭然然非大言也千古聖人此心此理而已如我一念合天理則就此一念便是堯舜若過此一念不學好卽盜跖矣一事合天理則就此一事便是堯舜若過此一事不學好卽盜跖矣道理本平鋪在面前堯

毫不曾增些子凡民不曾減些子求之即得欲之即至所以孔子說回三月不違其餘日月一至

○人多在困窮拂逆上增益其所不能此孟子之言人皆知之至於志得意滿上失了涵養滅了聰明損了德行而人則莫之覺也

○義理者吾日用之飲食也窮達者吾軀體之肥瘠也吾朝餐而暮飲者惟此義理焉至於吾身之肥瘠聽其自然可也若惡此身之不肥舍日用菽粟之飲食求參耆熱藥以助之不幾於愚乎

〇有德者之言如天地所生之草木枝葉花實鮮濃淡不同其生意自然可愛蓋元氣在內故陽春生百媚也若不修德立行徒工文辭終是剪綵爲花

近日人論朱子止齋二公之文言朱子之文平實穩當占得地步寬止齋之文排濤逐浪畢竟終落第二着是也

〇人惟恐懼所以不憂不懼若放蕩禮法則長憂長懼正俗言所謂怕法朝朝樂欺公日日憂也蓋能恐懼修省則隨處體認天理即孔子所謂內省不

疚矣所以臨事變之偶來不憂不懼悲懼者未事之前以理言也憂懼者臨事之際以事言也

○古之婦人如杞梁之妻何曾讀書然節義凜凜如大丈夫者不昧此良心也蔡文姬豈不讀書然卒失其節者昧良心故也故良心一發擴而充之即浩然至大至剛塞乎天地

○近日學者把性命之學又是一樣看把眼前終日所行事又是一樣看此其故何也蓋緣他平日將二氏之學終日講究所以分而為二矣殊不知吾

之終日所行者非性命之學何學也天地間除了五倫人情物理之外又更有甚性命之學古人說箇參天地贊化育博厚高明悠久不過五倫之道而已且以堯舜言之做了許多功業孔子贊他惟天爲大惟堯則之然不過盡君道而已堯舜亦盡其性而已非性命之學而何不知性命又終日所學何事

○人之學聖賢者氣質爲先學問次之且如子路之勇敢寧子之言語得一大聖人爲之依歸子路始

終從勇敢一路牽了始終從言語一路至若顏子則不然顏子資質甚粹至今想其爲人生下來大半已有亞聖氣象了

○楊之道主于方墨之道主於圓主於方者其理當圓而亦方也主於圓者其理當方而亦圓也聖人之道則不然惟觀乎理而已理當方則方理當圓則圓近日儒者謂楊氏穿裘者也墨氏穿葛者也穿裘者六月亦穿裘穿葛者冬月亦穿葛子莫執中又穿裘又穿葛也聖人則不然時當暑當穿葛

則穿葛時當寒當穿裘則穿裘此論亦好

〇凡春來百鳥鳴及蛙鳴秋來蟬鳴皆有自得之大機但彼自不知耳天久不雨偶然下雨此天地之交感也所以萬物長養發生若或助之其自得之妙但人莫之知耳而天地亦莫之知也學者做功夫其自得之妙亦當如天地萬物要之氣之自得理之自得其妙一而已矣

〇不貳功夫難於不遷怒

〇近日有一等人也知此身原是浮生非堅牢久住

於世之物也知光陰乃百代之過客當及時行樂却乃買歌兒舞女朝酒暮肉招賓拉友登臺臨榭自以爲樂矣此等之人見得陰陽消長之理一斑半點與終日營營於名利鐘鳴鼓響而猶夜行者固殊然與孔門之樂終隔一關若以孔門之樂論之非樂也乃欲也蓋此樂惟富貴之家有之有歌兒舞女則樂無之時則不樂矣有朋友臺榭酒食則樂無之時則不樂矣是樂因物而後有也殊不知無欲卽樂若無欲之樂則不論貧賤富貴不論

動靜冷暖做官也樂做百姓也樂住樓閣也樂住茅屋也樂喫菜也樂喫肉也樂平常也樂遭變也樂身也樂心也樂少也樂老也樂學者必到此樂方是學問嗚呼此樂不講久矣安得與斯人而共樂之

○謙與諂畧相似然謙也者不自有之事也修德之心也諂也者媚人之事也取寵之心也外貌雖畧同而心術則萬里矣故自卑尊人之事在君子則爲謙在小人則爲諂儉與吝亦然

○倘來之福以義處之如我所不當得則雖福亦禍
倘來之禍以命處之如我所不當得則雖禍亦福
以此作柄故遇大福大禍卽凝然不動
○一箇淡字最妙人淡於貨利聲色淡於世味則無
適而不可矣豈惟人之心事行已哉至於人之文
亦然潘岳閑居賦與陶潛歸去來辭皆恬退之言
也然潘之言誇陶之言淡是以陶高百世人皆學
淡而不可得焉豈惟人哉天下之水以淡爲上山
之淡者則卽畫也故君子之道淡則不厭在淡則

成

〇近日學者多講喜怒哀樂未發氣象夫喜怒哀樂未發即發而中節之理而已此理未發渾然無朕理豈有氣象也哉講氣象者泥佛氏光明圓覺之說也

〇不要學婦人搽脂粉要真率做箇模樣便是搽脂粉有心費力去做的都是搽脂粉就是婦人不是男兒

〇騎驢覓驢是舍其心而不求而求之章句之末即

舍其田而芸人之田也騎驢不下驢是守着此心而不能空也禪家惟有此後截所以將世間有色之物皆爲空所以三綱廢弛得罪名教

○知命者不立於巖墻非眞有巖墻也履虎尾而依氷山者也洊雷震君子以恐懼修省非眞有洊雷也放于桐而克終允德棲姑蘇而甞膽者也

○將勤補拙以勞折災

○言孝而必曰順者有順而後可言孝也縱父母有不是處姑且順命又敬不違者即順也蓋孝字管

得大古人云事君不忠非孝也戰陣無勇非孝也云云至於一草一木伐之非時且非孝則孝正所謂置之而塞乎天地溥之而横乎四海施之後世而無朝夕者矣孝字豈不管得大至於在父母面前朝夕奉養服役之間必要加一箇順字天下未有不順而能孝者未有孝而有不順者

○在上位不陵下在下位不援上正己而不求於人則無怨上不怨天下不尤人陳氏言此處見得君子胸中多少洒落明瑩真如光風霽月無一點私

累人果如此不論做官做百姓何等省事何等心開古今做聖賢者箇箇是如此

○人少時浮薄剛傲及老則忠厚謙虛此善變乎少者也窮時狂妄輕淺及達而登第居要地愈朴實謙退此善變乎窮者也然老而善變者十有三五達而善變者萬無一二

○學者肯檢點起來若心不在時何處沒有過失且如見下等之人較之敬上等禮節言語就減些分數以孔子使民如承大祭之言論起來我等豈不

時時有罪過所以伯玉使者說寡過未能孔子稱之看來寡過未能亦實事也

○君子之與小人人非不知其等較然也人却甘為小人之事而不學君子聖賢之與王侯公卿人非不知聖賢之為貴也人止知慕王侯公卿富貴而不學聖賢

○有富貴而無日不憂者有貧賤而無日不樂者此在聞道與不聞道論

來瞿唐先生日錄

孔子謹言功夫四十條

予欲無言天何言哉四時行焉百物生焉天何言哉

君子欲訥於言而敏於行此第一段○剛毅木訥近仁巧言令色鮮矣仁仁者其言也訒其言之不怍則爲之也難此第二段○有德者必有言有言者未必有德巧言亂德道聽而塗說德之棄也此第三段○惡稱人之惡者惡居下流而訕上者惡利口之覆邦家者佞人殆不幾乎一言而喪邦乎是故惡夫佞者此第四段○亂之所

生也則言語以爲階君不容則失臣臣不容則失身幾事不密則害成駟不及舌是以君子愼密而不出邦有道危言危行邦無道危行言孫免於刑戮此第五段

○將叛者其辭慙中心疑者其辭枝吉人之辭寡躁人之辭多誣善之人其辭游失其守者其辭屈言未及而言謂之躁言及之而不言謂之隱未見顏色而言謂之瞽可與言而不與之言失人不可與言而與之言失言君子居其室出其言善則千里之外應之況其邇者乎居其室出其言不善則千里之外違之

況其邇者乎言忠信行篤敬雖蠻貊之邦行矣言不忠信行不篤敬雖州里行乎哉言出乎身加乎民行發乎邇見乎遠言行君子之樞機樞機之發榮辱之主也言行君子之所以動天地也可不慎乎故君子於其言無所苟而已矣易其心而後語懼以語則民不應也（此節第六段）○忠信所以進德脩辭立其誠所以居業古者言之不出君子耻其言而過其行敏於事而慎於言先行其言而後從之庸德之行庸言之謹有所不足不敢不勉有餘不敢盡言顧行行顧言君子

胡不慥慥爾此第七段言寡尤行寡悔祿在其中夫我則不暇始吾於人也誰毀誰譽今吾於人也慎言語言思忠非禮勿言似不能言者時然後言言必有中此第八段

右孔子謹言功夫四十條先雜之省覺省事錄中恭偶一日讀之問先生先生曰爾當自悟次日恭對先生曰此條有八段意先生首肯初一段總言君子當訥其言子欲欲字與欲訥欲字相應第二段言仁者必訥言第三段言不訥言為德之棄第

四段言言之害人足以覆邦家第五段言言之害
已足以取禍第六段言言有慙枝多游屈躁隱晉
失言失人數弊惟寡則吉也故不可不愼無所苟
易其心而后語第七段方言君子進德脩業脩辭
立其誠言行相顧乃慥慥篤實君子此一段正對
緊正功夫第八段言我不暇干祿惟謹言而已然
必時中方爲聖人之言也此雖先生組織孔子之
言成文然有頭腦有鋪設有收拾先生之筆非苟
下者恭因摘出之

後學王必恭識

# 重刻來瞿唐先生日録

## 省事録

○君子處事無適無莫義之與比王安石新法主于必行所以其詩云今人未可非商鞅商鞅能令政必行惟其心之主於必行所以其言如此不覺其言之非也執拗之害一至于此

○王陽明文集中或問客氣師曰客與主對讓盡所對之賓而安心居於卑末又能盡心盡力供養諸賓賓有失錯又能包容此主氣也惟恐人加于吾

之上惟恐人怠慢我此是客氣此說非也主與客
對主是天理客是人欲主客二字猶言內外也凡
人好高不肯下人倨傲凌虐人適是血氣之私乃
人欲也曰客氣未易消磨者即人欲未易消磨[illegible]
惟恐人怠慢我此是小人客未必皆如此
○林見素乃本朝名臣題嚴子陵詩乃不足之何崔
今人同窻讀書至厚之友偶見一人登第遂彼此
參商者甚多況故人爲天子乎以足加天子之腹
其懷抱可知矣嚴子陵不可少者也見素之詩過

矣孔子稱不事王侯者爲志可則孟子稱伯夷爲百世師如見素之詩則孔孟之言皆不差矣

○趙飛燕入宫披香博士淖方成在成帝後唾曰此禍水也滅火必矣當臨而知八月有凶淖其賢也哉

○雞雛菢子其母未嘗與之喙也氣足之時便自橫逆裂開或出之不利人或以手略助之其子下來必不長進此正揠苗者也人之富貴功名逼是如此

○王用三驅失前禽不獨天子之於民如此也凡人處鄉黨朋友奴僕遍當開一面綱

○某常教人過人欲者以人至于無欲則百事可做且如殺戮天下之大事也我惟無欲無意必固我之私則殺戮亦是天理如堯舜之誅四凶周公之誅管蔡豈不是殺戮亦是天理如有欲有意必固我之私雖爲善亦是人欲如公孫宏之布被王莽之謙恭韓侂胄之欲恢復中原豈不是爲善亦是人欲

〇秦始皇浮江至湘山祠逢大風幾不能渡上問湘君何神對曰堯女舜妻始皇大怒使伐湘山樹赭其山赭者赤也言赤身見體也故孩提不衣者謂之赤子赭其山者將樹伐盡而赤身也註解赤色者非夫以遇江風而伐山樹正俗言所謂桑樹着箭柳樹出漿也人君遷怒之害一至于此七國反而殺鼂錯李陵降邊而腐刑司馬遷大率類此夫以孝景孝武且如此況其他乎故明主愛一顰一笑

○古今宰執權臣敗露之後籍沒其家家貲皆巨萬若以斯人而愚也然雕刻百工鑪棰萬物舉動廻山海呼吸變霜露類非愚者所能若以斯人而不愚也積錢數萬終何用哉如梁冀既誅收錢貨斥賣二十餘萬萬以充王府用減天下田租之半散其苑囿以業窮民籍元載家鍾乳八百兩胡椒八百石今天下之積錢者能如二八亦已足矣然皆碎首殺身不得此錢之用則此錢不積亦可也老子曰身與貨孰多積錢以殺身身貴乎錢貴乎此

老子之名言孔子所以稱其猶龍也書此以爲見錢卽垂涎者之戒

○無矜爾榮天道惡盈無恃爾貴隆隆者墜故聖人於泰卦之終曰城復于隍其命亂也於豫卦曰冥豫在上何可長也於豐卦曰闚其戶闃其無人三歲不覿噫聖人之情見矣

○世有難處之人我若處之使我獨爲君子而使彼甘爲小人亦非忠厚惻怛之心也此中也須有委曲君子之所爲衆人固不識也正在此

〇學者幹出大事業惟在志向何如耳莆田黃伯固公見武宗北狩人心危疑伯固時在制中乃題其書室曰茅屋石田爲生太拙鴟夷馬革自許何愚蓋有志于殉國也後補武選郎中乃疏六事此一疏與胡澹庵之疏皆日月爭光疏內請誅江彬彬果大怒下詔獄廷跪五日杖百餘幸得甦以詩遺弟曰不用汝謀方至此須知我道固當然蓋萬死不悔也嘗言曰人生仕宦至公卿大都不過三四十年惟立身行道爲千載不朽世人往往以彼易

此何耶其素志如此所以幹出此事

〇豪傑之士不偶於時者每每于詩歌言其志寄其興某所以說詩最難解今之解杜詩者每每因其字句而解之而言外之意則未之發間有發者易至于鑿如陶靖節述酒一篇獨湯公漢以為恭帝哀辭葢劉裕既受禪使張偉以毒酒酖帝偉自飲而卒又令兵人踰垣進藥帝不肯飲兵人以被掩殺之故哀恭帝之詩託名述酒使無湯漢此詩亦不知何說也葢湯漢鄱陽人靖節乃陶侃之曾孫

亦鄱陽人後乃徙家潯陽也
○唐介陳宰執文彥博之過貶英州別駕介未至英州彥博奏出介至重是陛下因臣而退敢言之士願召用之詩復召用此皆前輩好事
○世無爲善之小人而有改節之君子爲惡之小人不足責改節之君子深可羞
○天地理一而氣異何以理一五性之理具于人身人人同然是可見理之一也至于人之形體則長短大小千人萬人皆別此可見氣之異也史記秦

始皇二十八年有大人長五丈足六尺十二人見
于臨洮晉元帝咸寧二年陳武帝永定三年皆有
長人見由此氣異推之則此亦不足爲異也猶有
怪異異于此者

○誰將西歸懷之好音此可見天理之在人心不容
泯滅也故曰君臣之義如之何其廢之

○王莽末天下旱蝗黃金一斤易粟一斛至光武建
武二年野穀旅生麻菽猶盛野蠶成繭被于山阜
人收其利一治一亂一剝一復要之皆天數也未

得天下時滹沱冰合既得天下後野穀旅生野蠶成繭帝王自有真于茲見矣

○人情好尚不同唐李洞慕賈島爲詩銅鑄其像事之如神自今觀之賈島之詩未爲高也人情之僻如此

○人心思慮妄想種種只是擺脫不得人欲盡有一件事必定有四般心起意是個心期必是一個心留滯于此事是一個心成于我是一個心豈不干思萬想且如唐太宗取天下初起意之時恐父不

肯就與裴寂商議將晉陽宮人侍父及期必此事之成就甲禮于虜與他借兵及期必之心膠固就與尉遲敬德謀殺其兄及後方成其事在中間何等勞攘何等思想若是聖人之事則不然聽其天命人心之自然行一不義殺一不辜而得天下不爲故曰無然畔援無然歆羨故曰上帝臨汝無貳爾心故曰予弗順天厥罪惟鈞惟其無欲所以無思無慮

○輪迴之說某知無此理伊川謂不可以旣返之氣

復爲方伸之氣此言亦正當 陳北溪亦云若果有輪廻之說則是天地間人物皆有定數常只是許多氣翻來覆去如此則大造都無功了須是曉得天地生生之理方看得他破 此言亦正當然世間人亦有輪廻者何也此某所親見者以此觀之可見萬事屬心輪廻之人多是讀書不得志之人多是禪僧念頭偶妄動者多是孩子之氣壯者益心志之專氣尚未散所以輪廻也于此猶見萬事屬心

〇華歆初然與管寧爲友之時皆欲爲君子也後爲曹操鷹犬者此一念之差耳凡婦人淫亂如牆有茨之詩株林之詩而至于醜不可言者其初皆始于一念之差及後良心已喪亦不自知已之醜矣

〇凡事要渾涵莫露圭角處小人猶當渾涵易夬九三是也

〇天下勢而已更始爲帝之時則封光武爲蕭王及光武爲帝之時則封更始爲淮陽王王莽與趙匡胤俱爲臣子俱當國運孤兒寡母之時匡胤成其

事則爲宋之太祖王莽不能成其事則爲逆賊堯舜之道孝弟而已疾行先長者且謂之不弟唐太宗殺其兄淫其嫂而封子明儒者稱其爲希世之賢君故勢之所在則天下以榮以辱道非其所論也道之所在則天下以是以非勢非其所論也所以世間無公道有公論公道可以假借公論則一毫不能假借也使無此公論亦不成世界矣故培植禮義扶持綱常者此公論也故生前則惟富貴死後則惟文章故宰我曰以予觀于孔子賢于堯

舜違矣以其立教垂世也

○樂善録有云昔有二士大夫以前程祈夢於京師二相公廟一人夢持薄者以薄示之云此乃公同行前程也視之自小官轉遷宰相仍有以朱勾之者問曰勾之者何也曰此人愛財不義陽間取此一項故此間勾此一項若急改過尚可至監司其人聞之更不敢妄取果至監司又云昔太學二士人同年月日時生又同年發解過省二人約受相近差遣庶彼此得知災福後一人受鄂州教授一

人受黃州教授未幾黃州教授者死鄂州教授爲治後事於柩前祝曰我與公生年月日時同出處又同公先捨我去使我今即死已後公七日矣若有靈宜託夢以告其夜果夢告云我生於富貴已享用過當故死公生於寒微未曾享用故活後鄂州教授歷官至典郡某平生不信此陰間怪誕之事但造化有此乘除之理陽極則陰生陰極則陽生寒極則熱熱極則寒夏日長則夜短冬日短則夜長故與以翼者兩其足與以角者去其齒雖無

陰間茫昧之事而陽間實有此乘除之理也書此以爲後生小輩不讀書不專積財不儉用而享用太過之戒

○凡人君恃巳之聰明者必昏恃天下之安者必危隋煬帝之時天下有郡一百九十縣一千一百五十五東西九千三百里南北一萬四千八百一十五里唐元宗之時西京東都米斛直錢不滿二百絹匹亦如之海內富安行者雖萬里不持寸兵二君恃巳之聰明恃天下之富庶乃任意聲色宮室

是以一則亡國一則出奔也而况庶人之家特其富貴乎宜乎早綰銀黄夙昭民譽之子冬月而着葛也噫豈獨一樂安哉

○隋煬帝丙辰丁巳之年甘言以媚獨孤謀廢兄而殺父此念一起惟煬帝知之雖妻子亦不知也豈知丁巳之年即生秦王世民哉謀天下之心方起取天下之人即生冥冥之中赫赫可畏也戊寅年天下即歸之唐僅十九年耳何相報之速也書此以爲世人念惡之戒

○自漢以來佛氏塞吾儒之路人人通講空寂矣假如多識鳥獸草木之名此一句話不是孔子所說乃出於漢唐宋儒之口今之儒者必定駁他說學當求諸心何以要識鳥獸草木之名辨駁者紛紛矣

○君子小人公私之間而已宋世岳飛韓侂胄皆主恢復中原者然岳飛爲國侂胄爲己岳飛秦檜殺之侂胄史彌遠殺之事雖同殺雖同而心則異矣是以至今三五百年之後尚爲岳飛不平立廟祀

之而以侂冑死有餘辜

⊙張垂崖鎮蜀過華陰寄陳圖南詩云世人大抵重官榮見我東歸夾道迎應被華山高士笑天眞喪盡得浮名少時讀此詩以爲何以天眞喪盡而後得浮名恐乃美圖南之言也及今歷世既久閱事已多始知垂崖之言不虛其間不喪天眞者千百中無一二也

○白樂天以詩文風流一世當時士人好尚爭傳雞林賈售其國相宰篇易一金與劉禹錫同游時人

謂之劉白而不陷八司馬黨與元稹同游時人謂之元白而不陷北司馬黨又與楊虞卿爲姻而不陷牛李黨其亦和而不流者乎

◎學者下功夫要勉強如資質之弱者不能爲仁必勉強爲仁不能行義必勉強行義日用之間靜坐以養心持敬以養德讀書以該博自此外至於功名富貴毀譽予奪屬之於天者則必聽其自然如天到春生時自然生人不能強其生到殺時自然殺人不能強其殺人能一切儻來聽其自然則即

天之自然矣故康節有云天意無他只自然自然之外更無天此言是也聽其自然故百事簡故心閒故天下何思何慮

○人能聞道則中心有主心中有主則手有霸柄手有霸柄故富貴貧賤夷狄患難無入而不自得故舜受堯之天下不以爲泰二女果若固有之故羑里演易陳蔡絃歌阨窮而不憫在陋巷不改其樂此方是大丈夫　孟東野名郊詩云曉月難爲光愁人難爲腸棄置復棄置情如刀刃傷又云一夕九

趄嗟夢短不到家兩度長安陌空將淚見花又云江籬伴我泣海月投人驚失意容貌改異途性命輕及登第後同年春燕云盛氣月中積英名曰四馳塞鴻絕儔匹海月難等夷鬱折忽已盡親朋樂無涯云云其未第也憂之無聊其既第也喜之不勝則心中無主于無覇隶可知矣

〇楊廣殺父世民殺兄吳起殺妻忍心至此只是爲利名所以利名一關人多打不破

〇世之享福者有二焉有清淡之福有諠鬧之福世

人見諠閙者以爲享福則尊之敬之雖素不相識者亦奔走結内見清淡者以爲不享福也則鄙之略之雖五服之親閭巷之友亦不瞻顧而不知書之所謂五福者非諠閙也其曰富貴康寧攸好德考終命與世人以諠閙爲福者異矣因作口號于壁間與有道者共品題焉其辭云世有二福世人碌碌不慕仁義止慕金玉我雙表之諭彼鄙俗蓄淵明琴種東坡竹讀伏羲書歌梁甫曲身賤心不賤家貧道不貧也無榮也無辱此之謂清淡之福

珥七葉貂握五等圭迎三千客食萬錢肉則富產亦富父貴子亦貴有時榮有時辱此之謂諠鬧之福清淡之福存乎我諠鬧之福存乎天天乎天乎我乎我乎二福二福孰可無求而自足

○人見富貴即敬之我若富貴人豈有不敬我者乎然則敬我者非敬我也敬富貴也我何與焉人見貧賤即慢之我若貧賤人豈有不慢我者乎然則慢我者非慢我也慢貧賤也我何與焉富貴貧賤倘來之物與吾身原不相干孔子曰死生有命富

貴在天有命在天非不相干而何人不知與我不相干見得富貴來人即敬我富貴去人即慢我捨死去求富貴再不肯放手在裏面用了無限的伎倆到了收拾結果處命當富貴的依然富貴命當貧賤的依然貧賤

○少時讀孟子讀到殘賊之人謂之獨夫似此言太過了後見一官貪酷事發百姓離散了無人相隨分明畫出一箇獨夫氣象出來蓋酷不仁即殘貪不義即賊殘賊即今貪酷二字

〇世傳虎負三子渡河之術咋見許松臯載之詩集中云猛虎哺三子一彪特梟張母或少防閑二子輒被傷下山欲渡河一渡一可將母心重躊躕負彪過廣洋空回渡一子帶彪復回翔以彪置彼岸一子渡復忙再回取彪去七渡不相防性靈物均有以知制剛強若唐高祖之於子太宗有征伐之功固不足言至宋太祖之於德昭可謂不知渡河之術者矣文獻通考載沛縣一富人家貲巨萬生一女招一婿女甚剛惡生一子未週年富人有疾

請族人手書家產盡與婿其所生之子止遺一劍俟兒十五付之其後果不與兒詣郡自言求劍時太守何武得其辭顧謂掾吏曰女性強婿貪鄙畏殘害其兒又討小兒得此不能全護故寄與婿耳夫劍者所以決斷限年十五度此兒智力可以自居此凡庸智慮何宏遠哉悉斷貲與兒聞者嘆服蓋人到行不得去處必須通之以術孟子曰是乃仁術也言仁賴術以行也若富人者其蓋知渡河之術者乎

〇天下之事早發泄者十有九不克終焉凡雨下之早日出之早人功名富貴之早形體胖大之早福澤享用之早孩子言語知識之早聲名洋溢之早幾事發露之早皆不克終故人當流於既溢發於持滿故享大富大貴之人及立身行道之人必少年貧寒受盡萬般苦楚者

〇秦始皇葬驪山六年之間豈知爲項籍所發耶豈知爲牧童所焚耶誰逆料至此爲人身後事不可知於此可見人生不滿百常懷千歲憂者愚亦甚

矣然則何以酬世哉孟子曰修身以俟之是也
○履盛滿而不知止非特宰相爲然也有宰相之滿
有左右近侍之滿有監司守令之滿有庶官吏胥
之滿有百姓財產之滿有商賈貿易之滿有百工
技藝之滿有婢奴僕積之滿皆當審我福澤之大
小量我受用之淺深以求所以處滿者不可只想
前掙忘了回頭不知回頭必有天災人禍譬之於
水有江河之滿有溪澗之滿有池塘溝洫之滿有
蹄涔之滿有壜甕之滿有鍾盞之滿均之滿則溢

滿則覆也宰相特言其大者耳蓋江河之滿必定
裂土石漂田宅決堤防其害甚大故履滿不止特
以宰相言之噫滿之禍慘哉
○文王之胎教孟母之三遷是矣然叔梁紇之與鯀
及瞽叟何嘗教其子哉堯舜又何嘗不教其子哉
故曰其子之賢不肖天也此言爲正但不可以此
言而廢教其子
○凡人一子多不孝富貴之子多傲雖不盡然十有
三四所以然者姑息之久故也故易戒父子嘻嘻

聖賢言語句句實歷

○凡臨事莫急須調停調則酸鹹適口停則南北適中急則敗事

○天下有十三忌大富爲人所忌大貴爲人所忌文學爲人所忌政事爲人所忌大功爲人所忌大名爲人所忌顔色爲人所忌立身行道欲爲聖賢爲人所忌躐等踰階而前進不次循資之例爲人所忌君王寵信太過爲人所忌少年高科爲人所忌日以在位塞後人輸次之路爲人所忌山林養重

守不見諸侯之義爲人所忌此特舉其大者而言
耳以至百工技藝小事小術莫不皆然非老于道
路練達世故屢遭顛蹶者不足以知之謙退二字
其醫忌之藥乎

○或問既不信閻羅人死去每每見之或限就死之
期日不差時刻何也予曰人生死不過一氣而已
其死不過一夢而已獨不見人有男女之欲其夢
必不清葢欲後精神耗散所以不清至病時亦不
清葢病時榮衛不調氣多不清所以夢亦不清至

於多事擾攘之時或遭患難夢亦不清蓋患難多事心官失職故亦不清夫有欲與多事夢且不清而況將死之期氣欲升上體欲歸下魂魄俱不相附矣又有夢之清者乎且萬事屬心閻羅之說淪民之肌洽民之髓於世上非一朝一夕矣蓋熟景也譬之人在他鄉終日思家夢裏夜夜在家鄉至於老來所夢者皆少年之事皆少年之朋友蓋少年血氣精壯亦熟景也然則人終日說閻羅死豈有不見者乎南人不夢駝以原未見駝也亦此意

○寧為剛儒毋為諛儒　寧為通儒毋為腐儒

○吳王厚葬闔閭越人發之秦王大作邱壟多其瘞藏後盡發掘暴露正所謂但恐珠玉畱君容千載不朽遺樊宗也始皇墳陵在驪山下以水銀為百川江海以人魚為燭從死者無數工匠盡閉焉墳高五十餘丈周廻五里餘泉本北流障使東西流而孰知為牧羊者焚也隋煬帝初葬吳公臺下唐平江南復改葬雷塘東坡詩云人間俯仰成今古吳公臺下雷塘路當時一笑張麗華不知門外韓

擒虎陳亡於隋隋亡於唐讀此詩令人悄邑酸惻獨漢文帝霸陵簡素皆用瓦器以張武爲復土將軍復者反還也出土容棺棺既下又還舊土爲墳令之三朝復土還是漢時之意信乎文帝爲眞聖人近來說者謂其當在成王之上於兹益見矣

○古今人材鍾天地山川風氣出得少則精出得多則渙散而不精且如堯舜時風氣初開天地氣何等完聚人生得少其氣總聚會於一人之身所以生出五箇人出來是何等人個個是聖人迄今漢

唐宋已來光岳既分風氣日漓設科取士人生漸
繁風氣渙散一個一個各分些去了所以不產聖
賢譬之結瓜結葫蘆相似結得少則大結得多則
不得大而病之者亦多橘柚亦然又譬如漉酒相
似取得少則濃取得多則淡若再取得多則無酒
而全是水矣所以若有一代君相之興必定干戈
擾攘水旱相仍四海之內東據西割土崩瓦解生
民塗炭無聊剥之極矣而後聖君賢相挺生從而
復焉

○人莫愁無富貴只愁富貴來我收用不得飃飃游於太倉能看而不能喫也

○財之爲物誰人不愛但有聚必有散乃必然之理其散時非天災則人禍也天災如水火之類人禍則盜賊訟獄之類是也皆所以散財也古人如麥舟之濟皆是散我之財但周人之急救人之難名爲義舉乃歡喜錢也若水火與訟獄不惟散之無名亦且去之悽慘散財雖同其所以散之則異矣故理當散財處則當自反曰此吾財當散也莫似

俗人惡求千貫易善化一文難

○人家爲子者於父母死後多用浮屠作齋事以求免罪苦余每每於生前驗之余壬午年病瘧將近半載親戚爲余禳解余以親戚之情不能禁之禳解之後余之瘧猶夫初也夫生前燒紙紥燭既不能消人之病疾則死後燒紙紥燭又安能解人之罪苦乎其不可信也明矣

○求進富貴固難而求退富貴尤難蓋求進富貴不過奔波苦楚而已求退富貴不得其退必有巨禍

矣故持虛常易持滿常難虛舟可以蕩漾於江湖之中滿載逢波濤則覆某親見世間求退富貴不能而取巨禍者數人嗚呼慘哉

○凡富貴之家最忌爭秋奪伏日色

○季氏使閔子騫爲費宰閔子騫曰善爲我辭焉曰善辭者其詞婉而可以感動人也後世若張籍在他鎮幕府中李師古又以書幣辟之籍卻而不納作節婦吟其詞云君知妾有夫贈妾雙明珠感君纏綿意繫在紅羅襦妾家高樓連苑起良人執戟

明光裏知君用心如日月事夫誓擬同生死還君
明珠雙淚垂恨不相逢未嫁時此言婉可以動人
若絕交書不免惹禍
○催壽殺有九焉背逆君親傷乎人倫一也蠱姬妖
女消乎人髓二也功名富貴快乎人意三也衣服
飲食過乎人分四也積攢慳吝滿乎人量五也營
求算計違乎人數六也怪巧機械戕乎人醇七也
暴粧驟扮驚乎人目八也遺老棄舊拂乎人情九
也有此九者必定損壽故名爲催壽殺非麻衣所

能知之間。或不然，必定無子，或有不肖。

○方孝孺是何心，茹瑞是何心？

○平生爲善，必有報其爲善之一事出焉，不可因其時有横逆而懈其爲善之志也；平生爲惡，必有報其爲惡之一事出焉，不可因其時得便益而長其爲惡之心也。斯言也，其即餘慶餘殃之意乎？看聖人下個餘字最妙，此皆近日歷歷經驗之事。聖人之經，一句一字未有放空者。

○凡富貴之家，其子孫不肖者十有四五，爲父祖者乃嚴刑刻意以束縛之其不肖者愈不肖焉其理何也三伏暑熱秋風必至此一理也水滿則溢此一理也金銀寶貝藏之已久必定變怪桑田渤海遷徙不常千年田地換百主此一理也人家止有如此氣運此一理也故挽回不肖之輪推轉不肖之樞當必有其道矣爲父祖者如二疏之散其財可也今乃千謀百計廣置財產以爲他日子孫牛馬之策是築長城而欲一世傳萬世者也惡熱而不以濯又益之以火豈不愚哉又譬之秧苗田太

肥則必倒折今又加之以糞是益其死也惟將糞土取去一層則苗自中和矣或者不得已乃自解曰堯舜之子且不肖夫曰不肖特不肖於堯舜耳若爲繼體之君猶可與明帝德宗比肩豈今之不肖哉

○梁武帝天監三年與誌公和尙講禪于重雲殿誌公忽然歌樂復泣悲因賦五言詩曰樂哉三十餘悲哉五十裏但看八十三子地妖災起侫臣作欺妄賊臣滅君子若不信吾言龍時侯賊起且至馬

中間銜悲不見喜粱武帝天監至大同三十餘年天下太平是樂哉三十餘也享國四十八年是悲哉五十裏也侯景八月十三至丹陽是但看八十三也武帝聽朱异之言是佞臣作欺妄也侯景作亂在戊辰是龍時侯賊起也武帝己巳至庚午年餓死是馬中間銜悲也句句皆驗唐太宗問李淳風曰秘記所云信有之乎對曰臣仰稽天象俯察歷數其人已在陛下宮中爲親屬自今不過三十年當王天下殺唐子孫殆盡後則天之事亦句句

驗是以天下之人不敬父母而敬佛氏不重道義而重命數大段有以倡之者然則五帝三王豈無是事乎葢聖人在上杲日當空則陰邪自不見矣

〇韓退之云斷送一生惟有酒尋思百計不如閒莫憂世事兼身事須看人間比夢間邵康節云堪嘆五伯爭周燼可笑三分拾漢餘何似不才閒處坐平時雲水遠衣裾康節覺超度適出

〇宋光宗紹熙二年都城市井有取程頤語録語雜以穢褻盛行于市朝廷知而禁之後三年僞學之

禍乃作可見朱程周張之生于世所關匪輕而世道之治亂其數不能逃也

○陳希夷嘗有言落便宜處得便宜康節亦有詩云珍重至人嘗有語落便宜處得便宜故曰蘇秦之相六國家激之也大率皆此意然天實爲之非人故意如此爲也故孟子曰天之將降大任于是人也必先苦其心志云云

○凡人詩文心志在此福澤亦在此孟東野詩云食薺腸亦苦強歌聲無歡出門如有礙誰云天地寬

所以東野一生貧困邵康節亦貧儒也則云心安身自安身安室自寬心與身俱安何事能相干誰謂一身小其安若泰山誰謂一室小寬如天地間康節雖貧其心事海濶天高鳶飛魚躍逍遥于雲漢之中而高出于富貴塕埲之外所以康節名高千古聞道與不聞道其差别至此

〇築長城非始于秦始皇也周至昭王時巳築長城矣六國燕趙之近邊者皆有長城噫王命南仲城彼朔方詩人以爲美談至于始皇皆以爲勞民傷

財而歸罪之者焚書坑儒不施仁義君子惡居下流故也故爲仁不富爲富不仁出于陽虎之口則爲勦說出于孟子之口則爲格言

○周之興也婦人采葛爲絺爲綌服之無斁至今猶可以想其勤儉忠厚之風及其衰也舉火戲諸侯方買一笑噫不亡國哉

○陳後主將亡有衆鳥鼓翼而鳴曰奈何帝又有一足鳥集于殿以嘴畫地成文曰獨足上高臺盛草變成灰劉豫有羣鳥鳴于内庭曰休也是歲金主

厤劉豫此豈有是理蓋天地之氣揉雜不齊故理
外之事甚多所以某以堯時十日並出爲必有之
事者以此且如腐草化爲螢田鼠化爲鴽雀入大
水爲蛤如不是年年有豈不是怪異之事

○一時快意可略也前輩影樣之多後人是非之公
可畏也一身極榮極貴極富可略也每日光陰之
易去過者不復可補百年歲月之無多來者未必
可追可畏也此和順王公雲鳳之名言

○大丈夫生而桑弧蓬矢欲其有志四方當以四海

爲一家千載爲一日古之君子照耀古今者若子夏之寓居西河周子之居廬阜朱子之居建寧陸子之居象山蘇子之居許邵康節司馬光張齊賢之居洛陽孫明復之居泰山胡安國之居衡山以至諸葛亮之南陽王粲之荆州李太白之徂徠管寧之遼海嵇康之山陽其間豹隱龜潛於名山大川者不可勝紀夫所以寓居於外者何哉蓋居外則山川之歷涉朋友之觀感旅況之備嘗未必不盪胸醒心探奇收春爲我道德文章之一助蓋友

天下之士者方可爲天下士也若朝夕於妻妾兒女之恩愛朋友親戚之往來見俗人冷暖炎涼遂沉溺於買田問宅誇金鬬玉之間縱奇人節士其不爲井底蛙者鮮矣故學者必登泰山觀東海以大眼孔

○世傳种放聞陳希夷風往見之希夷曰君當有顯宦但名者古今美器造物者所忌子名當有物敗之後眞宗召見待以殊禮卒爲王嗣宗所排康節有安樂窩吟云安樂窩中三月期老年才會惜芳

菲酒防酩酊須生病花恐離披遂便飛飲酒莫教
成酩酊賞花愼勿至離披離披酩酊惡滋味不作
歡欣只作悲所以康節屢詔不起如种放者蓋離
披酩酊者也不及康節遠矣嗚呼古今豈特种放
哉种放猶離披酩酊之小者也甚者屨滿不止離
披酩酊以至於殺身亡家者焉康節又有先幾吟
云先幾能識是吾儕愼勿輕爲世俗咍把似衆中
呈醜拙爭如靜裏且詼諧奇花萬狀皆輸眼明月
一輪長入懷似此光陰豈虛過也知快活作人來

又爽口物多終作疾快心事過必爲殃與其病後能求藥不若病前能自防又美酒飲教微醉後好花看到半開時這般意思難名狀只恐人間都不知皆是恐離披酩酊之意又古人云受恩深處宜先退得意濃時便好休莫待是非來入耳從前恩愛反爲讎此皆恐離披酩酊者也愚嘗觀古今宰執與夫左右信任之得寵者其受恩之深而不知先退得意之濃而不知早休以至昔日之恩愛反爲讎恨而離披酩酊者無限然前車之覆後車竟

不知戒者何哉豈眞如康節所謂只恐人間都不知哉又洞庭老人詩云八十滄浪一老翁蘆花江上水連空世間多少乘除事良夜月明收釣筒恐世人知乘除者少知乘除則不至於離披酩酊矣易曰知進而知退知存而知亡其惟聖人乎信乎知乘除者絕少而良夜月明決不肯收釣筒也

○時至日熟無可奈何花落去余一友人中甲榜年未及五十遂爾物故子幼妻嬌欲挽留半刻不可得也故爲人在世須立身行道與乾坤同其悠久

不然謝電光陰亦猶草木之靡朽也生於斯世亦何益哉

○世間入水必定溺死入火必定燒死上樹太高其墜落必定粉骨。斫首此三件事不消問卜噫可寒也可寒也蹈仁而死由正路而顛蹶者世豈多見也哉

○或有一人居官極貪還家之日將金銀財帛與諸兄弟平分士林極稱贊之一人在側曰濫取濫與何不當時不貪乎愚曰也難盡沒其善猶勝於貪

而不分與兄弟者若俸金祿米之應得者分與兄弟則合孔子教原憲之道矣然此等聖人之事安可易得不得中行而思次之意也

○古今宰執恃寵弄權以至喪身亡家者不足言矣其間患失而又畏禍者乃植桃李於門牆收參术於籬籓自以爲縫補牢籠莫之滲漏矣是益畏影惡跡而疾走者也與恃寵弄權者等爾故富貴路上人千機萬巧千計萬較不如知一個退字

○不修身而欲求令名於世者猶貌本醜而欲妍影

於鏡也無是理也修身而無令名於世者猶冀多力勤爲上農而有旱乾水溢之災者也有是數也理有常王數乃偶遭故誠能動物不誠未有能動者

○王充作論衡以堯舜桀紂一切皆歸之時命若如此論則人皆不學好矣豈論之衡乎俗人毆人乃曰命裏不遭枷鎖毆人亦無害正坐此亂說殊不知服烏頭附子方中其毒豈有喫粳米麥麪亦中烏附之毒者哉

○數存乎天理存乎我到了理處就莫要言數到了數處就莫要言理自古爲聖爲賢通是如此且如爲子孝爲臣忠理也我爲子必定孝爲臣必定忠盡其所當盡者至於吾身所値生死貧賤富貴一切通歸之於數故到了理處就莫要言數富貴貧賤夷狄患難數也我如偶遭貧賤夷狄患難就不要說我平生無愧無怍何以遭此只去怨天尤人就不是了故到了數處就不要言理文中子見辨命論嘆曰人道廢矣言劉孝標知天道而不知人

道也此言得之

〇聖賢之言各有所發故各有輕重也樊遲請學稼子曰吾不如老農者以此一章將聖人之言爲定論則豳風之詩凡埸圃納稼之言皆細民瑣屑之事非王業之根本矣不載之經可也

〇閨門乃萬化之原聖人於閨門上便謹戒一番如三女之卦皆以貞戒之至於三男之卦則不然者可以觀聖人之意矣漢唐已來王姬不執婦道公主奴僕其夫至於死而不惜者蓋許其公主再適

人也江斆之辭婚表可見矣夫公主之夫可謂榮
矣人乃辭之不可以見當時公主之風乎中宗之
安定公主元宗之齊國公主肅宗之肅國公主皆
三適人其餘再適者不可數計王姬且如此況百
姓哉故要教天下以節義也要上頭人有風教故
關雎之化行於南國
○古人場屋不得志之士多作異書假名姓以詘宰
執碧雲騢之類是也然即此書涵養之淺薄可知
矣又何望用於世也若涵養得定用舍窮達隨遇

而安立德立言無施不可　何苦枉用此心

來瞿唐先生日錄

九喜偈記

○一喜生中華○二喜丁太平○三喜爲儒聞道○四喜父母兄弟壽考○五喜婚嫁早畢○六喜無妾○七喜壽已踰六十花甲之外○八喜賦性簡淡寬緩○九喜無惡疾

君不見鷹隼乎志在腥腐頭目四顧而其念未嘗一刻不遑遑也若蟬則不然不飲不食無求于世長鳴于木杪之間其自得之意不可名狀某數年以來萬

念已斷惟詎易一念耳每一入枕即酣寢自如此心
廓然寂然明鏡止水及爾覺寤無意必固我無畔援
歆羨仍復酣寢然其原有九喜焉亦如蟬之無所求
也因名其榻而記之

萬歷乙酉冬十月望日

四箴

醉箴

人之齊聖飲酒溫克溫克何如惟莊惟默聖人不亂君子不譁不亂不語醉之箴矣

刑于箴

萬化本原五倫首行（去聲）遠之則怨近之不遜嗃嗃則厲嘻嘻則吝不嘻不嗃不遠不近惟和而嚴惟寬而敬夫婦有別此道斯盡

言箴

天地成化桃李成蹊一鳴則驚太音則希廟有金人
野無童羖走者猩猩飛者鸚鵡駟馬難及白圭易磨
守此括囊畏彼懸河同之爲蘭甘之則醴寡而吉人
謂而君子

九德箴

堯舜之道厥中允執執中如何九德爲質惟此九德
不剛不柔發乎情性不沉不浮止乎禮義不滯不流
譬彼五味以中爲主不過于甜不過于苦譬彼五行
以中爲難當火則熱當水則寒堯舜在上五臣居下

都俞吁咈發此大雅孔子祖述心印是把鳳不鳴山河不生馬知德者鮮成德者寡無有乎爾誰眞誰假含此九德吾道安歸書之座右是則是傚

古人之寬裕剛直簡約沖淡而光明正大者方成君子此之謂德若小人則詭隨幽暗猛暴忿戾不勝其人欲之私矣又何德之足言但德之出于氣質者恐其偏耳故唐虞之廷發此九德每一德之下以一字足之欲其不偏也孔子祖述堯舜其門人稱孔子溫而厲威而不猛恭而

安皆自九德中來自漢唐宋以來儒者不講九德也久矣此成才之所以難也某因表而出之作九德箴

論俗俚語

積善也是寶積金也是寶積金人偏多積善人偏少

積金又積善雙雙豈不好但我命若窮要金何處討

不如只積善安命也罷了專心去積金有日化成草

莫貪利須要高明

敬親也是敬敬佛也是敬敬親不敬佛佛也不嗔恨

敬親又敬佛佛也呌不應他是西方人與我不相認

若說求生死生死已前定不如只敬親心盡理亦順

莫信邪須要正大

做官也是人做民也是人天地生人時都是一般身

若論做君子官民逼可能民若能立志堯舜與同羣

官若不立志盜跖與同行流芳民卽官遺臭官亦民

莫自委須要發憤

緊行也是路緩行也是路原來這前程前程有定數

長笑心忙人急走盡朝暮今日某處行明日某處住

豈知算不來脚跛難行步依舊緩行人同日到去處

莫欲速須要從容

死生有命吟

籛鏗視顏回顏回誠夭矣天地視籛鏗籛鏗亦早死
五十笑百步長短亦走耳不患壽短長惟患愧此理
一朝能聞道生順死亦美終身不聞道枉過生亦鄙
世有長生術吾將越千里死生既有命不須置之齒
而何不安命修身成君子

## 富貴在天吟

人皆爲富貴朝夕紅塵走豈知傀儡場變態常不久
古稱陶朱富至今還在否笑爾原憲貧廟血配魯叟
挺然爲丈夫貧賤亦不朽孜孜圖富貴百歲成芻狗

富貴假能求執鞭亦非醜富貴既在天非我所可有

而何不樂天奔恬到白首

告喪葬禮約　列公布作第設宜次三事

古人制禮有吉凶焉吉凶異道不得相干者取之陰陽皆稱情而立文也送終乃禮之大古之聖人制禮甚嚴凡容體聲音言語飲食居處衣服皆有一定之制昭昭垂之於經所以厚風俗益世教者不淺漢去古未遠居喪使婢在側尤藥即終身黜落至隋煬帝可謂古今之元惡矣居喪亦不敢公然食肉至宋儒有欲以酒飲人者乃曰既不能以禮自處又不能以禮處人則宋世守先王之禮教

者亦嚴洪武戊申年御史高元侃言京師猶習元俗喪葬設宴作樂娛尸流俗之弊至此已甚京師天下之本四方之所視傚況送終尤禮之大者不可不謹乞禁止以正風俗上是其言即命禮官定制今載之大明律中十惡一曰不孝內有居喪作樂之條八議所不赦梁山去京師乃爲遐方二百年來猶習元俗某舊時居喪雖盡革其習但不才涼德豈能化于鄉人今之鄉人雖依某革其浮靡然猶習麻布散弔客名爲孝帕親方死即鳴金鼓

弔客來即設酒諠譁如賀客然甚至强孝子飲酒者乃揚言云父母是老死飲酒無害此風俗之至惡者也殊不知斬衰齊衰大功小功緦麻之縷各有精粗今不論精粗而亂加人之首若以此布爲貴與又何士大夫家官長來弔不敢以此布加官長之首而止敢加於鄉人則此布又賤矣梁山麻布一尺所值銀不過四釐在主人以長短爲厚薄在客以長短爲喜怒其可笑至此殊不知羔裘玄冠禮不可弔白馬素車弔客當然而主人反以素

布加弔客之首何哉蓋猶沿元人尺布褁頭之舊此孝帕所當革者一也酒所以合歡禮父母死三日不舉火人子三日不食齊衰二日不食大功三不食小功緦麻再不食斬衰之喪既殯食粥齊衰之喪蔬食水飲不食菜果大功之喪不食醯醬小功緦麻不食醴酒來弔之客非大功則小功非小功則緦麻菜果醯醬醴酒皆不敢食又敢飲主人之酒乎至於凡民無服之喪有匍匐之義亦不忍飲酒在主人三日不舉火不能設酒在弔客不敢

飲酒若公然飲酒正宋儒所謂既不能以禮自處
又不能以禮處人也此飲酒食肉所當革者一也
樂者樂也先王所以飾喜也樂必發於聲音以其
喜也禮斬衰之喪唯而不對齊衰之喪對而不言
大功之喪言而不議小功之喪議而不及樂故鄰
有喪舂不相者謂其喧閙而樂也有小功之喪者
且議論而不及樂事況父母之喪可以喧閙而用
金鼓之樂乎且聞樂不樂聖人有明訓君喪用樂
皇祖有大法今不遵聖人之教違祖宗之法而甘

爲十惡大罪之人乎此鼓樂所當革者一也葢蓼蟲不知其辛鮑魚之肆久而不知其臭行喪禮而不自知其非舊習然也傳曰挾泰山以超北海曰不能是誠不能也今不費巳之財不廢先王之敎乃折枝之類也某願同鄉以折枝而行之昔蘧伯玉恥獨爲君子因書此約與吾鄉之人共爲君子以成美俗萬歷壬辰十月十日來知德書于求溪草堂

# 理學辨疑序

鄂渚周文

先生見人常曰：聖人易學，公卿難到。常誦孟子"予豈好辨哉？予不得已也"。辨疑中如辨月本無光，借日以爲光；辨地下非水；辨日月每日一周天；辨日食；其切已功夫、入聖功夫；字義中辨明德二字、格物二字、一貫二字；以至易經序卦貞勝二字、錯綜二字，並卦爻中數百疑，見道分明，孟子以下一人而已，有功聖門，恐非宋儒所可及也。葢先生之學，不求人知，家居衣服者素如樵人漁子，滿腹珠玉，一毫不露，見人則飲酒敘寒温，談笑自若，絕口不及心學，初見薛敬軒録，即以領絹大書願學孔子四字，繫之於臂，林下近三十年，義理沉潛，反復忘食忘憂，已非一日，正所謂欲得虎子，必入虎穴者也，詎易求，溪十四年而後成，志堅可知矣，所以諸儒不可及。

重刻來瞿唐先生日録　理學辨疑

太極

或問宋儒已前皆不知太極爲理至宋儒乃指爲理又不明言其何理此何理也曰仁義禮智信之理也仁義禮智信之理一也自天命而言謂之性自率性而言謂之道自物則而言謂之理自無偏倚過不及而言謂之中自有諸已而言謂之德自極至而言謂之太極譬如起屋相似性字自根基上說道字自道路上說理字自尺寸不可易上說中字自規矩上說

德字自蓄積上說極字自關門一掃統括微妙上說
○或問何以知其爲仁義禮知信之理也曰天地之
道陰陽盡之矣陰陽變合而有金木水火土是五行
也有形焉有氣焉有理焉其形則天地萬物有形象
者是也其氣則五行之代謝往來一呼一吸是也其
理則五行之神仁義禮智信是也故天地有許多萬
形萬象飛潛動植然皆屬於五形除了五者之形則
無物矣如以形論長而瘦者屬木短而肥者屬水尖
而下大者屬火圓而下大者屬金平正者屬土如以

色論青者屬木紅者屬火白者屬金黑者屬水黃者屬土以物論鱗者屬木羽者屬火毛屬金介屬水裸屬土是也其中有許多氣然不過一呼一吸除了呼吸則無氣矣形氣中有萬般理然皆管于五性除了五性則無理矣且以仁言之仁者愛之理愛字管得寬愛親也是愛愛民也是愛愛物也是愛義禮知信亦然不特此也天下有許多樂器如鐘鼓管籥之類然皆管於五聲有許多字點畫形象然皆管于五音有許多禽獸草木之味然皆管於五味有許多綵色

然皆管於五色則天下之理又有出五性之外者乎

○聖人當時在五形上看出五性來雖是五性總是一理所以隨其大小上下縱橫通說得如以五行單言仁屬木禮屬火義屬金知屬水信屬土此各有屬也若又以木單言木仁也枝枝葉葉文理燦然若鋪張陳設仁中之禮也大者爲幹小者爲枝截然判斷仁中之義也強幹弱枝明明白白不相悖害仁中之智也栢千年是栢松千年是松仁中之信也又以火單論火禮也民非水火不生活能活人禮中之仁也

見木則然、見水則死、截然判、斷、禮中之義也、能照物禮中之智也、性主于熱、千年不移、禮中之信也、若以五行天地萬物總論、天覆地載、煦育萬物、仁也、高崖深谷、截然斬斷、義也、天高地下、萬物散殊、禮也、不相悖害、皎然明白、知也、日往月來、寒往暑來、不爽毫厘、信也、若以天上日單論、垂下照萬物、仁也、冬寒夏熱、截然判斷、義也、春分以後、行北道、秋分以後、行南道、往來于天、無過不及、禮也、貞明智也、朝升夕沉、信也、五性之理、原無定在、亦無定體、宋儒要識仁體、就錯

子某常譬喻五性如一桶水有四孔從東孔來者即
惻隱之心也從西孔來者即羞惡之心也以五性原
一理也

○五性之無定體以其本於五行也然五行一陰陽
也陰陽原無定位且以天地論之天秉陽地秉陰此
以清濁論陰陽也以天獨論之日爲陽月爲陰此以
晝夜論陰陽也星爲陽辰爲陰此以明暗論陰陽也
以地獨論之火爲陽水爲陰木爲陽金爲陰土之剛
者爲陽柔者爲陰此以形質論陰陽也以五行分論

之甲木爲陽乙木爲陰丙火爲陽丁火爲陰戊已庚辛壬癸皆然此以受氣論陰陽也以一歲論暑爲陽寒爲陰此又以情性論陰陽也以一日論之晝之寒暑皆陽夜之寒暑皆陰此又以明暗論陰陽也以人一身論之頭爲陽足爲陰此以上下論陰陽也以頭面獨論之目屬陽耳屬陰鼻屬陽口屬陰此以尊卑論陰陽也以口獨論之以體言則齒爲陽舌爲陰此以剛柔論陰陽也以用言則齒爲陰舌爲陽此以動靜論陰陽也陰陽原無定位既無定位理亦無定在

矣、譬如論中相似、人家兩座屋、以天井爲中、到上堂
以堂之中爲中、若入房以房之中爲中、是也、

○朱子云、不言無極、則太極同於一物、而不足爲萬
化之根、不言太極、則無極淪於空寂、而不能爲萬物
之根、若如此論、是孔子之言未明備、必俟周子之言
始明備矣、蓋孔子之言已明備、無欠缺、包括無極在
其中矣、周子恐人認錯了、太極二字、爲有形之物、故
云無極、正所以解太極也、朱子說平了、

○邵康節常時左來右去、將陰陽剛柔老少算去如

說暑者日之爲寒者月之爲晝者星之爲夜者辰之爲又如暑變物之性寒變物之情晝變物之形夜變物之體又如雨化物之走風化物之飛露化物之草雷化物之木以至皇帝王伯此等話左來右去都是四象上推算去如聖人之言則約而達如說天地絪縕萬物化醇男女構精萬物化生鼓之以雷霆潤之以風雨日月運行一往一來乾道成男坤道成女數句盡之矣後學要把造化大頭腦理會得熟去看皇極經世卽易易矣不然如說晝者星之爲不知說甚

麽

○易有太極是生兩儀不可執泥是生二字蓋無先后也

## 天地

○或問天地之形邵子依附之說是矣朱子之說何如朱子說天地間只有陰陽二氣這一個氣磨來運去磨得急了搜得許多滓查在裏面無出處便結成地在中央氣之淸者便爲天爲日月爲星辰又說天初生想只是水火二者水之滓脚便成地今登高而

望羣山皆爲波浪之狀只不知因甚麽時凝了初間極軟后來方凝得硬又說五峰所謂一氣太息震蕩無垠海宇變動山勃川湮人物消盡舊跡大滅是謂鴻荒之世嘗見高山有螺蚌殼或生石中此石卽舊日之生螺蚌卽水中之物下者却變而爲高柔者却變而爲剛此數條通說錯了以朱子前說恰似天地纔初生這一番至於五峰螺蚌之說猶可笑也鴻荒之世至宋不知幾萬年矣尚有螺蚌哉此朱子篤信之過也殊不知天地乃無始無終者也止有一明一

暗衡明了又暗暗了又明所謂萬古者一日之氣象是也到了暗時雖然昏黑不曾墜敗就似人夜間睡着一般其氣尚流通人睡着之時人雖不知然氣息一呼一吸未有一息之停是以知天地雖昏黑其氣機呼吸未嘗停也然何爲而昏黑也爲無陽也蓋天地到了戌亥純是一團陰氣逼是此陰氣煙霧塞了日逼無光了所以昏黑然雖昏黑天地之形質未曾壞敗春華秋實之草木並凡有血氣者皆不生了至於陽生于子天依舊開了以天屬陽故也天雖開然

陽尙微至於寅之時陽盛了三陽開泰天地交構所以依然春華秋實生起血氣之物來

○或問朱子云天外無水地下是水載北溪陳氏亦云地是水載不知是否曰此正坐不理會造化大頭腦也地既是水載矣水之外又何物耶水之外如又是地則地之外又何物耶將振河海而不洩此一句說不通了蓋地雖如此厚載周身全是氣地即譬如飯甑中米其粢饙之氣就譬如甑中氣經曰山澤通氣竅於山川是也即今江淮河漢日日流下海海縱

年普天下皆水矣何以古今流而不絕滿而不溢耶蓋化而爲氣也天下之水盡向東南流東南者消方也故曰化而爲氣也何以知其化而爲氣也蓋五行各有象生者木之象也長者火之象也收者金之象也藏者水之象也故曰坎者陷也冬月水旺之時江淮河漢止有此水此本象也至春到東方水去生木木上通是水了水氣漸漸浮而散漫又到南方五六月大雨時行至此水浮在上水氣盡竭矣氣者水之母水者氣之子氣凝則水小氣散則水大

水小者水旺也水大者水衰也故東南乃水之消方
西北乃水之長方水汜濫長者乃水氣之消也凡下
雨雲走東決無雨雲走西雨必大以其生方也故曰
五行之動迭相竭也木竭水之氣火竭木之氣試將
一碗水潑在衣上將木火然起一時化而爲氣乾了
水向消方化而爲氣于茲驗矣說水載地者不知水
之義者也程子說海水潮因陽盛而涸及陰盛而生
亦不是將已涸之水來生水自然能生往來屈伸只
是理也此言得之矣

○水火相見不得易言水火不相射者言相見而不相害也言氣之交感也乘見火即飛所以到冬月水旺火即絕了到夏月火旺水即絕了陽水絕於巳陰水絕於午水氾濫者水氣正在消散所以堯舜禹正當巳午之時六陽極了所以十日並出洪水氾濫於天下此至妙至妙之理自古聖賢不能窮者也說水載地者不知水隨氣以消長者也故富貴之家炙手可熱者秋風將到矣正水氾濫者水氣正在消散之意也

○天地有此許大形體就載得此許大水五行金木水火土皆在天地之中不出天地之外譬如人身有此形體卽有此血脉血脉只在身上流轉不在身外、以人身論腎屬水卽海也所以海水鹹說水在地全然不會理會五行之理

○地在天之中周身都是氣地常長特人不覺爾何以知其地之長也某遊峨眉山登八十四盤極險峻之地見新崩痕跡僧曰此等去處年年有雨卽崩或崩一丈者有之或崩二丈者有之某卽算只說一年

崩一分十年崩一寸百年崩一尺千年崩一丈萬年崩十丈十萬年崩百丈百萬年崩千丈千萬年崩萬丈萬萬年崩十萬丈則此山化而爲平地矣何以萬古猶此山也地常長而人不覺于此可知矣海之長亦然

○程子云地之下豈無天今所謂地者特天中一物耳凡有氣莫非天有形莫非地朱子云天以氣而依地之形地以形而附天之氣天包乎地地特天中之一物耳此二段極說得是

○朱子說自古無人窮得北海殊不知天地北邊高何處有海

○或問山與海俱長則海終日流塵於中以一年長一分論之則萬年卽十丈高官長而爲山矣何以萬古此海也此亦自古聖賢不能窮者也曰地道流盈而益謙此地之常也旣有所長必有所消益天地之形體就似人之形體相似頭千年是頭足千年是足山北西千年是高海東南千年是低此一定之形體也山旣漸向東南而消海亦漸向西北而長一消一

長益者流之謙者益之消一分則長一分長一分則消一分此至妙至妙之理也水常對東南一邊行土常對西北一邊退行是消退是長

○人在世間長了一分富貴就消了一分聰明長了一分聰明就消了一分富貴非達陰陽造化之妙者不足以識此富貴屬陰濁一邊聰明屬陽明一邊

日月星辰

○或問日行有長短何也曰此因地也日月者地中陰陽之精也故日行高低不離乎地之氣冬至以後

一陽生此氣之長也陽氣主於升鼓萬物之出機故漸伸而高日隨氣而亦高故晝長夏至以後一陰生此氣之消也陰氣主于沉鼓萬物之入機故漸低而低日隨氣而亦低故晝短

○或問日之行一日一周天如此山河大地縱飛亦不能周天或者以日爲驥步驥不過日行千里耳安能周天縱一時行一萬里一日十二時地之體豈止十二萬里哉自古聖賢皆不能窮之不知何以能周天也曰此正論造化者當默識其大頭腦也既理會

得大頭腦則其間左來右去闢竅自然通矣蓋日月皆此地陰陽所發之精英也既爲所發之精英則不離乎地矣安能不周天乎試將一枝燭置於竹筒內放在廳中間棹上廳之燭照去瓦上有一圓光即譬之日也將手把竹筒一斜側少傾斜間瞬息過了廳此日周天之義也何以驗日月爲地陰陽之精英余遊峨眉山欲見佛光連日陰雨山中將住一月矣僧曰此光亦難遇如將發光之時前一夜必有大風吹撼屋動則次日有光矣果一夜風發屋動次日天開

霽晴明僧曰此當以日影驗之日照屋影到某處即有光矣果至其時日射崖下之光石即有霧如綿平鋪二三十里僧家謂之銀色世界信乎銀色世界也俄而空中兩道白毫挺出霧中即有一光如螮蝀紅綠相間圓如月五七丈寬地之精英于此可驗此則一山之精英也若日月則九州萬國之精英矣苾芻指爲佛光世人安得不惑哉朱子說峨眉山看佛光以五更看五更看者非佛光也僧家謂之聖燈滿天飛螢腐葉之類

○或問朱儒以月本無光受日之光以爲光程子邵子朱子張子皆如是說而今獨以爲非受日光何也曰此正未達造化大頭腦而有此新巧之說也蓋天地既有此陰陽就有往來有生死有盛衰有寒暑有長短有常變此必然之理數也況月乃陰精既屬陰則月之中有昏黑之狀者此定理也有盈有虧者亦定理也孔子曰懸象著明莫大於日月日自爲日月自爲月豈有月受日光之理哉至若望日酉時日月固相對矣至於半夜日在地之中月在天之中有許

大山河天地相隔月豈能受日之光乎譬如置一鏡於棹上置一鏡於棹下乃以棹上之光受棹下之光雖三尺之童亦不信也朱子乃以地在天中不甚大四邊空有時月在天中央日在地中央則光照四傍上受於月蓋朱子篤信之過信沈存中之言爾既然地不甚大月在天中央日在地中央光從四傍上可以受於月宜乎月之光夜夜滿矣何以十七十八月即缺哉賢人篤信之過亦至於此且月本有圓缺聖人已先說矣如曰天道虧盈而益謙此聖人之言也

曰中則昃月盈則食此聖人之言也天秉陽垂日星地秉陰竅於山川和而后月生也是以三五而盈三五而缺此聖人之言也哉生明既生魄旁死魄此聖人之言也聖人明說生說死說盈說缺乃不信經而信沈存中之言何哉朱子又以經星緯星亦受日光如說以星亦受日光則當每月三十初一初二月缺將盡之時星亦當缺其光而不見矣何以星常當如此明也看來朱子說日食並月受日光皆信歷家之言未曾把造化大規模頭腦理會

○星本無度歷家自晝夜算之耳若天地北高南低所謂北極南極者極至也南北到了各極處不知北邊高幾萬丈矣星者地之精也浮於地者也北極星浮在北邊丑艮上極高處地之高再無高於此者矣南極星浮在南邊未坤上極低處地之低再無低于此者矣其浮于上去地之度數南北也彼此相同但因地勢高低不同所以歷家謂南極入地三十六度北極出地三十六度出入者地勢不同故也諸星左旋到了南北兩頭極處恰似在車軸兩頭旋其實他

也左旋止因人這管窺恰似不動北極高所以常見南極低所以常隱因北極在高處諸星在下面所以譬人君

○東南西北每七星共二十八宿非二十八宿大於衆星也亦非在正東正西正南正北也止因日之所行紀其經行之處耳蓋天本無度作歷者無以紀其數以一年乃三百六十五日有餘故以日周天之度亦三百六十五度有奇然天體渺茫冲漠何處記認於是以當度之星記之譬如孟春日在某星幾度仰

春在某星幾度不論度之廣狹三十度者有之一度二度三度者有之禮記月令所載及詩定之方中是也譬如荆州去北京某日至荆門某日至當陽某日至襄陽之意曰周天有此二十八個當度星所以推定二十八宿之名其實此星與衆星同也

○北方七宿如一牛而少一脚有龜蛇盤結之象今人以眞武修仙龜蛇二將可笑也

○星本無名歷家因難記認改其名以便記認如耀魄寶之類是也

○古之聖賢如天無月之盈虧縱聰明也定不得春夏秋冬十二月也置不得閏

○月詳說前直圖

## 日食

日食者數當食也有當食而不食者邵子曰算法之誤此言得之矣或者當夜食歷家差其時如宋寧宗六年太史言夜食不見是也蓋日食常在於朔月食常在於望間有差者不過差一日耳不離朔望者定數也圓必有虧者定理也朱子言朔而日月之合東

西同度南北同道則月掩日而日爲之食望而日月
之對同度同道則月亢日而日爲之食亢當也言日
月相對太親切遂逼奪其光又云正如一人執燭一
人執扇相交而過看來通說錯了日月在天譬之兩
毬疾馳如飛相交而過彼此安能掩乎況日一日一
周天其迅速一刻千里月豈能掩乎歷家見得日食
皆在朔月食皆在望因生此議論也此皆不將造化
陰陽大頭腦理會故吾儒亦信之殊不知天地有此
陰陽不齊就生起許多不齊事來故有吉必有凶有

盈必有虧有消必有長有長必有短有好必有醜有常必有變此必然之理必然之數也今以天言之蒼然者天之常也然或時而白或時而紅而黑或時空中偶生雷霆偶生風雨非變乎方者地之體也然或高而萬丈或卑而萬丈亦有盈有虧非其生成之變乎鎮靜者地之常也或時而震或時而裂非其偶然之變乎故明者日之常也或時亦如血或時昏暈或時有黑氣如飛鵲如飛燕或時有黑子如棗如李或時貫白虹或時夾兩珥此皆載之簡册昭昭可考者

非明者之變乎故周禮眡祲掌十煇之法以觀妖祥辨吉凶一曰祲謂日旁有陰氣相侵也二曰象謂陰氣附日凝結成象燕雀之類是也三曰鑴謂黑氣刺日也四曰監謂氣抱日也五曰闇謂方晝而晦也六曰瞢謂日瞢瞢然無光也七曰彌白虹彌天也八曰敘謂雲有片段次序如山在日旁也九曰隮蟾蝀升氣於日也十曰想雜氣成形想也故圓者日之常也或時有缺焉或缺十分之五或缺十分之盡則圓而缺者雖變也亦常也若以爲月所掩且如桓公三年

秋七月壬辰日有食之既既者盡也又如襄公二年四年安王二十年高后二年平帝元始元年普通三年日皆食之盡赧王十四年日食晝晦夫月掩日安能至此甚乎此皆已前載之史冊不可勝紀矣至若本朝正德某年日食盡白日偶黑滿天星斗此先輩所親見者也月在何處安能掩日至此乎且古人不言日缺而言日食者其缺處如有物齒之狀此食字之義也故解蝕字云如蟲食草木之葉也每每救日見其缺處參差不齊月掩日安得有是象乎益月之

圓有時而虧正猶日之白有時而雜氣如周禮之所謂十煇也何必穿鑿以黄道論哉又竊亦有变而不食者同道而相避也謂王者修德行政則陽足以勝陰雖當食而月常避日亦不食此說尤不通也蓋日月無心情之物也若月知避日是有心情矣且如五帝三王已上不可得而知矣至若漢文帝宋仁宗豈不脩德哉然亦日食如常何哉嘗考宋中興志云張衡云對日之衝其大如日月光不照謂之闇虛月望行黄道則值闇虛有表裏淺深故食有南北多少本

朝朱熹頗主是說由是言之日之食與否當觀月之
行黃道表裏月之食與否當觀所值闇虛表裏大約
於黃道驗之也此中興志之說也又沈氏筆談亦論
東西南北觀中興志謂本朝朱熹頗主是說則自漢
唐以來言日食者紛紛皆未定也朱子見得歷家道
是如此說遂信之解詩經十月之交之註爾又中興
志云日之食又有當食而不食者出於歷法之外者
也如唐開元盛際及本朝中興以來紹興十三年十
八年十九年二十四年二十五年二十八年皆當蝕

而不虧及考唐史開元三年七月七年五月九年九月十二年閏十二月共日食十二次開元盛際何嘗不日食乎又考宋紹興五年正月七年二月十三年十二月十五年六月十七年十月等共食十三次止有三次入雲不見羣臣稱賀者奸邪蒙蔽也當是時也正秦檜弄柄之時王倫詔諭之日屈膝稱臣於醜虜復殺良將以悅其心君何君也臣何臣也何嘗修德哉而以爲中興以來紹興某年某年不食恐亦諛君之言也則中興志不足信矣朱子修德不食之說

蓋主歷家此說也蓋日者衆陽之宗君象也天道變於上人事應於下人君於日食必當側身脩德以回天變非脩德則不食也嘉祐六年日食入雲不見時議稱賀獨司馬光上言臣愚以爲日之所照周遍華夷雖京師不見四方必有見者此天戒至深不可不察也臣聞漢成帝永始元年九月日有食之四方不見京師見谷永以爲禍在内也二年三月日有食之四方見京師不見谷永以爲禍在外也臣愚以爲永之言似未協天之意夫四方不見京師見者禍尙淺

也四方見京師不見禍寖深也天意以爲人君爲陰
邪所蔽天下皆知而朝廷獨不知也人主猶宜側身
戒懼乃相率稱賀不上下蒙誣哉若司馬光者可謂
委曲善導其君以回天變者矣禮曰日食則天子素
服而脩六官之職以蕩天下之陽事此皆垂訓之言
欲人君反身修德也蓋言反身修德以回天變則可
若曰修德則日不食非矣何也日猶水也日猶旱也
堯之時浩浩襄陵湯之時焦金流石堯與湯豈不修
德哉故堯惟反身修德曰洚水警予湯惟反身修德

以六事自責自古聖人惟反身修德而已且如孔子之聖豈不及文王文王之時鳳鳴岐山孔子之時鳳鳥不至豈孔子修德不如文王哉所遭之氣運不同耳如曰人君修德即日不食是孔子修德即鳳鳥至也

○夏仲康五年日食書云乃季秋日朔辰弗集於房弗集者不安也言日辰不安於其宿也即言日食也亦非日月掩蝕也蔡仲默以集與輯通爲日月不和誣矣

○小雅十月之交朔日辛卯日有食之亦孔之醜彼月而微此日而微今此下民亦孔之哀日月告凶不用其行四國無政不用其良彼月而食則維其常此月而食于何不臧朔日辛卯在幽王六年常考幽王三年幽王見褒姒而悅之是年三川震五年廢申后及太子宜臼必定幽王四年五年六年之間有月食矣但古人月食不裁之史也十月之交交者方交十月也即朔日也辛卯者紀其日所值之干支也微者食之甚也與式微之微同彼者猶前也彼月而微者

言前已月食之甚矣此日而微者言今又日食之甚矣日月告凶月則維其常矣日則大變有何善哉不特天變地亦有變又云百川沸騰山冢崒崩高岸爲谷深谷爲陵此指三年三川震也至十二年犬戎殺幽王於驪山下而宗周宗廟宮室盡爲邱墟遂有黍離之詩焉則作此詩者乃當時賢人君子見得日月告凶雷電不寧失天道也山川崩沸岸谷變遷失地道也內有褒姒之邪豔外有皇父之貪痴以至羣口噂沓四國暴亂三農汙萊失人道也三才絕矣國欲

不亡得乎作詩者逆知周之必亡乃作此詩朱子解註依歷家之說不惟解之錯且失詩人憂時所刺之意矣

○彼月二句依蘇氏註亦通某所辨者止辨其非日月掩蝕也

或問堯時十日並出果有否曰此其必有者也葢堯時六陽已極陽精之發極盛故也觀天地六陰已極之時即昏黑可知矣斷史者以儒者莫先於窮理無十日並出之理殊不知此造化之妙也俗儒安得知

之哉且天地陰陽有此不齊之氣即有此不齊之事如日明于晝乃其常也亦有夜出者焉如漢武帝建元二年是也天無二日乃其常也亦有二日並出者焉如永聖元年乾符六年是也月亦然或時兩月並出或時三月並出或時西南方兩月重出或時朔月猶見東方或時生齒其間怪變不可勝紀又極而言之天雨水常也或時雨血或時雨沙或時雨土或時雨草或時雨金或時雨肉或時雨水銀故草木殊質櫻桃有時而生茄陰陽異位男子或時而變女如履

武吞卵烏覆羊胇皆無理之事聖人裁之于經豈聖
人亦信㤯哉賈誼曰天地爲鑪兮造化爲工陰陽爲
炭兮萬物爲銅千變萬化兮未始有極斯言得之矣
〇天下理外事極多且如孔子古今至聖虛墓中生
出白兎來此事都不可曉所以說賈誼天地爲鑪數
句說得好燒窯有窯變郎千變萬化之意也

## 雷霆雨露霜雪

或問程子云人之作惡與天地之怒氣相擊搏遂震死霹靂者天地之怒氣也此言是否曰非也但看伏羲畫卦取陽一畫到陰一邊來謂之震震爲雷乃長男也取陰一畫到陽一邊來謂之巽巽爲風乃長女也所以說雷風相搏因陽氣極了要出來陰纏綿包裹住他不得出來所以一出有聲爆竹放銃是也安得爲怒氣哉又觀易曰雷出地奮豫先王以作樂崇德殷薦之上帝以配祖考蓋言陽始潛閉地中及其

動則出地奮震通暢和豫之至矣即以薦上帝而配祖考也使非和之事安能配享哉所以知其非怒氣也張子說陽在外者不得入周旋不舍而爲風也說得不是蓋風者橐籥往來之氣也但看手搖扇往來生風又看扇鐵風廂一往一來生風可知矣

○雷擊人物者偶遇也雷從地中出出之時不論人不論物但所出之處即擊矣說人之作惡值天怒氣就不是了如雷擊孔子文廟柱擊人家樹此皆所親見者柱與樹有何罪哉與西山說雷雖威初非爲殺

物設也斯言得之矣

○雷之有形者氣蒸生之也然有形而無質響過就散了但看地中生菌占得天地不大氣一夜生起次早去採菌脚中已有蛆矣況雷鼓天地許大之氣豈不成形哉所以將動雷之前一日必熱之極

○雷純一團陽所以有火有電光古人說雷出則萬物出雷入則萬物入斯言得之矣

右前數條皆因宋儒說之可疑者辨之如說之既明者不重載于此錄

# 重刻來瞿唐先生日錄

## 心學晦明解

心學之一明一晦天實囿之也心學長明于天下則世多聖人麒麟鳳凰不能出走獸飛鳥之類矣即今書者吾儒所治之業也天下無不讀書之聖人賢者識其大不賢者識其小此古今聖人之常大舜邇言且察況書乎且不言心學姑以世間書之一明一晦言之三代以下書惟周之桂下史聃爲多其餘散在列國者亦少韓宣子適魯然後見易象與魯春秋季

札聘於上國然後得開詩之風雅頌楚獨有左史倚相能讀三墳五典八索九邱當此之時世上無紙或書于木或書于帛傳播極難故家無異書人無異教賢人君子偶得一字有益於身心者卽寶如金玉所以三代多道德之士及有紙後人以寫録爲難故人以藏書爲貴至唐時蜀中有人雕板用紙五代之時馮道卽奏請官鏤板刊行書卽傳於天下多矣至有書肆人以書貿易書愈多矣然天不令其完全孔子删詩書定禮樂贊周易脩春秋乃例八索九邱墳典

斷自唐虞以下斯道之散布于六經者亦日中天天生李斯焚之萬世之下皆罪李斯然天生焚書之人不獨一李斯也漢自除挾書之後易自淄川田生書自濟南伏生詩自申培轅固韓嬰禮自高堂生春秋自董仲舒至成帝使謁者陳農求遺書於天下未央宮有麒麟天祿閣詔劉向校經傳會向卒哀帝復命向子歆卒父業於是總括羣書而奏其七略其一曰六藝略者即六經也及春陵聚兵漸臺斬首承明宣室皆火矣是焚書者王莽也光武投戈講藝息馬論

道卽位之後篤好文雅海內鴻儒擁帙而來者甚衆充牣石室蘭臺明帝幸學圜橋門而觀聽者億萬可謂盛矣然迎西域之書于中國至今高明之士往往宗其空寂而文以六經之言管之一派淸江乃流一濁源于其中此則不火之火是焚六經之心傳者明帝也章帝考詳異同於白虎觀靈帝詔諸儒正定六經藏之禁中者皆謂之中秘書亦猶前漢之中書也及董卓移都兵民劻勤凡石室蘭臺之所蓄聚者掛其縑帛劃其圖書大則連爲帷蓋小則製爲縢囊俄

爾之間冰消瓦解是焚書者董卓也魏晉相繼前秘書監鄭默后秘書監荀勖總括羣書分爲四部合一萬九千有餘及京華覆蕩石渠揃發而書皆亡矣是焚書者劉曜石勒也永嘉之後中朝之書漸流江左武帝入關收其圖籍五經子史紫鉀復劉赤軸青縹鮮祴璘瑞前秘監謝靈運後秘書丞王儉及梁秘書監任昉並處士阮孝緒爲七録共三萬餘卷梁武雖崇信誌公而亦頗悅詩書侯景爲亂文德之書猶存蕭繹遣將破平侯景將書盡載江陵周師入楚灰於

一炬是焚書者矦景也後魏初都燕代南略中原周覺割據關右高洋號令山東蓬槃剪屠了無寧日不暇謀及文字矣至于開皇分遣人搜討異本每書一卷賞絹一疋煬帝卽位猶好讀書納于東都脩文殿者三萬七千卷上品紅琉璃軸中品紺琉璃軸下品漆軸每室三間開方戸垂錦幔上有二飛僊戸外地中施機發帝幸書室宮人踐機則飛僊收幔而上戸扉皆開帝出復閉如故取書之盛無愈於此矣及幸江都聚書至三十七萬卷盡焚於廣陵至武德平隋

將書送至京師砥柱覆舟又歸洛滐是焚書者水火也太宗好文即位之初即封孔子弟子以魏徵虞世南顏師古相繼爲秘書監購天下書元宗兩都各聚書四部以甲乙丙丁爲次序正本副本籖軸皆異色以別之俄而鼓動漁陽馬嵬駐蹕覆餗形渥片紙不存是焚書者安祿山也靈武還都方瘳瘡痏至文宗始完前書又經黃巢之亂至朱温代昭宣則其書蕩然無遺矣又非特祿山焚之也宋承五季亂離之後書籍至少乾德初圖書實於三館詔史館凡吏民有

以書來獻者嘗視其篇目館中所無者收之獻書人送至學士院試堪任職者具以名聞太宗以三館之陋又別新輪奐目爲崇文館自建隆至祥符目録三萬有餘熙寧中成都進士郭友直獻書宣和中張顒李東王闡張宿等獻書皆貯史館謂之崇文總目宋之書至宣和盛矣及爾狐升御榻舉族北轅中原之主且殉殊於五國城況其書乎是焚書者金虜也南渡以後乃降詔曰國家用武開基右文致治藏書之盛視古爲多艱難以來網羅散失今監司郡守各諭

所部悉上送官多者優賞至於嘉定著書立言之士蒞衆往往多充秘府雖紹定辛卯偶災紅衣之尾然煨燼之餘十猶得五及勝國以來皆散失是猶之乎焚書也至于民間之書如宋宣憲李邯鄲亳州之祁饒州之吳荆州之田南都之戚歷陽之沈廬山之李九江之陳鄱陽之吳皆收書之至多者然或散于國家之板蕩或燬于子孫之零替于今安在哉蓋天忌尤物聖人之經不使人見其全經聖人之傳不使人見其全傳縱醫家之靈方卜術之奇數藏之秘府者

亦不肯以留于人間書可知矣夫書與天地本無忌礙且有興有廢而況于生人乎觀天不以全書與人則知天不以全聰明與人矣故心學不常明聖人不常生皆天有以囿之孔子之聰明千古一人而已信乎子貢以爲天縱也孔子之後門弟之多者莫如鄭康成長相隨千餘人名其鄉爲鄭公鄉榜其門爲通德門一時天下之相信以爲孔子復生矣自宋有程朱而鄭公之業遂廢可見天惜聰明不肯盡歸于一人也程朱在宋爲名儒今日之設科皆依其註疏然

大學首章頭腦功夫未免有差王陽明以大學未曾錯簡又可見天惜聰明不肯盡歸于一人也王陽明之說是矣然又以格物之物認爲事字教人先于良知而明德二字亦依朱子又不免少差又可見天惜聰明不肯盡歸于一人也故天下有治有亂心學有晦有明皆天以聰明圓之人力不得而與也某本愚劣少壯之時妄意聖賢山林中近三十年所註有易經集註大學古本入聖功夫大字義理學辨疑諸篇與程朱陽明頗有異同以世莫我知欲請高秀才寫藏

書塚三字藏之石室不料海内又有知之者耶友人致書以天下義理程朱説盡王陽明不必議之將程朱之註取其科第而復議之非儒者之用心也此言蓋爲某而發非爲陽明也殊不知理者天下之公理人人皆能言之不反覆辨論豈得爲儒且議者議其理也非議其人品也若論程朱陽明之人品俱千載豪傑泰山北斗皆某之師範也豈敢議之陽明在今日之儒乃聰明之極者但立論傷于太快略欠商量陽明亦未嘗議朱子之人品也亦議其理而已使前

人言之而後人再不敢言之則墳典者乃伏羲神農黃帝顓頊高辛之書孔子不敢删矣春秋乃列國侯王之史孔子不必脩矣傳註有左邱明鄭康成王肅嗣孔安國諸公程朱不可出一言矣言之者不得已也爲世道計也伊尹之非予覺之而誰孔子之文不在茲孟子之舍我其誰皆不得已也世莫我知不得不自任也蓋天固世人之聰明入聖之功夫少認不眞則其用功之先後不免以緩爲急以急爲緩古人有言黃河之源不揚黑水之波桃李之根不結松栢

之實名儒言之門徒千人從而和之後生晚進差毫釐而謬千里有駸入于異端而自不覺者所以不得已而辨論也且如墨子乃戰國之大儒爲宋大夫著書七十一篇有貴儉兼愛尊賢右鬼非命上同諸篇當時之人比肩孔子故古文有仲尼墨翟之賢之句唐之韓昌黎猶予之韓子曰儒墨同是堯舜同非桀紂同脩身正心以治天下國家奚不相悅如是哉孔子必用墨子墨子必用孔子不相用不足爲儒墨墨子乃大儒何嘗不敬其說哉而孟子乃闢之何也蓋

老莊之徒棄仁義陋堯舜排周孔如黑之與白冰之與炭明白顯易知天下後世必不見信獨墨子似是而非觀其稱堯曰采椽不斵茅茨不剪稱周曰嚴父配天宗祀文王其立論兼愛一篇孟子恐傳之後世其流必至於無父非墨子直無父也故辯論者不得已也昔程子與吳師禮談介甫之學錯處謂師禮曰此天下公理無彼我果能明辨不有益于介甫必有益於我此言說得好某亦此意也覽某稿者見此辨諒其不得已之心焉若所見之是否則望正于後之

君子

重刻來瞿唐先生日録

重刻來瞿唐先生日録　釜山稿

釜山在縣西二十里涉河其山如釜故以釜名之先生有一祀相傳來曾作宋龍圖閣學士不知何時移居湖廣麻城遂世爲麻城人元兵亂入蜀避兵乃居梁山之康村正統後移居釜山釜山乃先生所生之地故以釜山名稿云

後學王廷章識

# 釜山稿目録



曾岐山自岑公遠訪予於釜山于其歸也賦別

寄雷劒東蒙自明府　四首五言律

寄贈董麟山徵君　四首五言律

許象洲元戎于梁山曾許仙芽久不見惠詩以
速之　七言律

廖對峰以設館至梁山踰年而露化其子齋泣
至山堂照骨之貧余愧不能大助詩以哀之

寄贈朱最峰少府　三首五言律

壽郭夢菊太府　四言七言律

禽言　四首　道言

# 重刻來瞿唐先生日録

## 客問

僕以先父病末疾母目疾侍養不仕友人致書多疑之作此代答雖文其辭然實有是問非客難賓戲之假設也

瞿唐來子於釜山書堂客有過而問之者曰某聞子久矣聞子冠道德履仁義衣百家佩六藝知子已棲君子之林矣衆人慕之某竊爲子不取也吾聞烏能鳴陽葵知傾日物且如此況于人乎是以哲士乘時

達人駴世方今皇猷丕赫王表煇昭羣衿獻瑋諸乂圜橋采蕙茝而兼蓄乎蕭艾選干將而不遺乎鉛刀非憕怳而抱瑟豈濟渡而無舸苟可以存心于利物奚必于執璧而垂貂子廼懸車城市擊壤衢阜膹猗飛于鸞漢羗繼迹于鷃蒿洵拗鱗而戢翼必滯恚而屯膏秌雕龍而削草帙茶薺于徨徉吾將冀子兮參軌伊呂胡知今子兮駕言許巢來子曰子以我爲隱矣夫隱者必有所爲今生値明時以不見用爲耻吾不爲也客曰人之酬世非處則出榮春者蘭華秋者

菊我知子之心矣方其采秀雲莊燔枯霧築刻羽引商吹金鼓玉高價蜺巔咇聲蟬谷狎花鳥傲墳索恁遑引于青岑非纓情于朱轂豈知闇者斯章微之必著乃若巖廊訪瓜荃宰羅奇旭日鶯夫乾鵲條風轉于枯荑書將鶴載旌以鸞持束帛投園結軫塡茨慶吾道之大行感人世之我知子迺整筋揮翮仰首伸眉披裓岫出崟逵盼鳩衡而揚袂排鳳闕以論思知子有南山之徑慮子有北山之移來子呼而笑曰非徑也是迂也夫欲仕無路者故以山爲路耳寻濫科

名仕則仕矣不求可期之榮于見在而徼未必之寵于方來歲蹈齒截謂之何哉騃亦絕矣吾不爲也客曰子知夫古人乎漆園之放叔夜之簡王衍之談阮籍之懶耽竹林嘯山阪脫冠履解襟袱幕天席地操觚挈醆爾其齊舜豕比周猿逐糟荷鍤遻麯生涎俗士稱爲六逸詩人名爲八仙坐俟夫九疇之斁敘罔顧乎兩曜之虧圓恭敬消于唇吻名節剝于譚謔子之不仕復不沽名于世者意者其在此乎來子曰此自放而忘世者也予欲救世吾不爲也客曰若有人

焉遺情棄世絶埒脫屣紫籍逼名青冥輕舉爾其垂
琳綬佩瑆玦騄驎六驅列鈌調世外之元靈嬋壺中
之白雪青鳥縈音紅鸞擊節已而明月初升雲璈方
歇貼桑海之幾遷回歲序于一瞥悲荒邱榆古血乃
若芝之宮麭峴桂館龍驤吹氷成禮叱石飛漿真妃摻
饋姹女技醻招王喬以容與拉蕭史以相羊既沉湎
以言別指流水以成章歌曰流水兮東注美人兮何
處回首兮三素浮世兮朝暮乃若陰慈雲滅甘露謝
四流宏六度秘授禁苑之旨洞開葱嶺之路爾其不

生作圖無象爲家天地蘧廬形體蟲蝦見理卽障篤學愈差乃吼桐峰之虎垂長慶之蛇種雲門之樹浣南泉之花點洛浦之金衣洞山之麻烹明昭之鐵飲趙州之茶早聞者難登彼岸劓醉者未窺津涯彼傎海入毛不撓魚鮪若施藤倚樹必琢窒奈子之勃窣不出戶庭不面官長孜孜而惟日不足者必居于此矣來子曰子愈言而愈遠矣此方外之術出于名教之外者也世皆若此三綱絕矣吾不爲也客曰我負不知子矣遂避席而起拂衣而去來子曰居吾語女

夫大德者不官中立者戒倚是以君子無終食違仁大人以萬物爲體不怦怦于必行不硜硜于必止蓋濂洛存乎吾身顯晦安于所遇立德之基有常樹功之途不一苟入而可以事吾親兮則啜菽承歡苟出而可以事吾君兮則捐軀弗計見輪出圓因楯施直遭坎則停乘流斯逝大行兮何所欣窮居兮何所戚故移忠于家則敬同移孝于國則愛同使人皆以不仕爲是兮則龍逢非孝使人皆以仕爲是兮則曾參非忠彙征者何以誦其駿業嘉遯者何以高其清風

盖駿業者扶顛持危有匡世之績清風者起頑立懦有垂世之功是皆有裨于國家之教化者也可見事無定體惟義是適行無定轍惟道是崇故可以仕亦可以止仕止之間存乎脩已子謂子夏不云乎無爲小人女爲君子若爲小人何取青紫若爲君子出亦可矣處亦可矣未學興而功利熾此言不聞于人之耳也久矣吾將尋孔顏之所樂析繭絲于此理愧榛楛之無成空動勉而不已苟友于可以爲政空言足以善俗則塵霧之微恍或可以爲山海之小補也獨

非鳴陽向日之心乎予何過疑至此客曰我過矣我過矣而今而后始知江湖廊廟原爲一體明道行道皆將淑人我過矣我過矣來予援筆作客問

重刻來瞿唐先生日録　釜山稿

清溪莊

多半楓林人家少千峰萬峰葱蒻宛一羣嬌鳥啄雲嶠仰面石泉懸樹杪落花朝莫送柴扉掃斷依然撲客衣華陽道士胡不歸菖蒲節老蕨芽肥

登小筆山

翠閣珠林侵碧霄危闌四面俯山椒天空峭石排元笋日晚殘霞駐赤標海外誰人驂鳳鶴寰中何物噴瓊瑤江湖一望無窮思惟寫鶯花荅治朝

輓隆孔嵀

岑公江下曾呼酒龍脊州中共放船一日豈知竟千古青年誰料到黃泉遼陽鶴去雲迷海古木烏啼月滿天幸有三槐依舊綠夜臺何必恨長眠

用楊龜山此日不再得韻示周生子榮

我曾觀東海吐納接扶桑我曾登泰山五觀摩青蒼中有萬世師日月麗重光道統在天地循環如陰陽繼之鄒氏子授我入道方學問求放心仁義析毫芒鄒魯既已喪立言有否臧而胡末學興役役翻自戕

不求道于心，却求糟與糠。大本已乖矣，安得問行藏。
遂俾鄒與魯，千載擅孤芳。豈無豪俊出，立志苦不剛。
十步九回頭，踟蹰而傍徨。豈知在宏毅，任重道且長。
况道本率性，行之如康莊。卑者爲利祿，閉門課文章。
高則講空寂，名爲選佛塲。二者雖有差，均之牧牛羊。
我佩鄒氏言，朝夕不忍忘。勿忘勿助間，勉勉長自彊。
誰謂東海深，渡之止一航。誰謂泰山高，登之比尋常。
高深雖踔絶，操舍即存亡。百川與邱陵，不學良可傷。
有志山海者，莫謂斯言狂。

釜山雜詠

清風草閣三竿竹明月山泉一曲琴惟有梅花知此
意洽香入夢到而今

繞宅苔蘚惟鳥迹隔溪煙霧似人家淒清莫是仙源
近一綫氷泉萬片花

顏回巷裏難旋馬原憲門前長野蒿剩有春風長富
貴杏花洒水日滔滔

明明皎日高松下淡淡輕風寄竹前石上許多華胥
夢一聲啼鳥喚人眠

生子何須論化鶴閒年不獨有黃楊棹歌夜訪山陰雪興盡歸來也不妨

今人逢窮卽名鬼誰又將錢論作神豈識鬼神卽造夜月纔斜處日旋伸

喜成却恐敗將至憂失還從得裏生一笑攬來通嚼爛清風明月送將迎

了心歌

我曾與洪崖子浮邱翁揖金母拜木公氷桃碧藕丹砂紅以飈爲輪雷爲輿上下二儀遍九嵕龍竹鮫綃

歸碧落金宮銀闕高巃嵸蒼梧朝設鳳冠粟夜來還
入扶桑窺元鈞曲罷舞回鸞五音時聽琅玕樹放情
凌霄無定期蕙風十二紅玻璃春羅剪字知多少羣
仙博戲無昏早詎知誤輸五色龍謫向人間餌芝草
餌芝兮已三十三雞碑鼠獄只空談征袁誤夢邯鄲
道長迢短髮風毶毶我壽倘有一百歲前途止有六
十七回視夙齡只一時西崐東汜烏尤疾假令不得
到期頤七十八十未可知此生枉過不聞道擊鐘烹
鼎欲何爲叢桂幽蘭多縹緲松風蘿月溪山小苔被

白雲一片留瞿唐道人心已了有時並了亦兩忘傍花隨柳信周行太山巖巖海汪汪洙泗眞源派許長蘭橈桂槳駕一航排閶闔登宮墻大叫尼父坐明堂鳴球佩玉共趨蹌回琴點瑟繞鏗鏘

曾岐山自岑公遠訪予于釜山于其歸也贈別以詩 二首

白屋參差碧樹齊釜山爐擬近丹梯菊花見客爭籬發杜若乘風拂岸低詩賦誰人驅鮑謝煙霞吾道覺醯雞憐渠百里能相訪水滿蒹葭月滿溪

處處春風析榔枝柴門偶過興猶奇江湖不博幽人樂信義多應長者知雨久蟠龍秋意早雲連鐵鳳雁書遲旣思暫到仍長往莫遣深情惜淺厄

寄飛練

撥斷緑綺絃長年桄麯眠鼓盆莊子老荷鍤伯倫賢苦海誰能脫窮坑豈易填莫將窮苦事掛碍不成仙

醉

騕褭笑欵段欵段笑騕褭人生天地間走獸與飛鳥務光讓天下天下卽爲草傖夫競寸畦寸畦卽爲寶

誰人任市井市井皆蓬島誰人尚髫髮髫髮先醜老青較于藍深人豈勝天巧爲爾得酕醄因之謝昏曉

廬行所見枉別之以詩

朝朝莫莫對枯桐山北山南長杜叢兩地久懸千里隔三春何幸一尊同已留徐孺開塵榻更共盧敖笑壞蟲條爾相逢仍惜別差池燕紫野桃紅

廬行所還便寄王次宇

十年蹤跡泛虛舟幾度蒹葭咏破秋偶晤盧仝聊煮茗翻思王粲欲登樓桃花着雨紅顏改柳絮乘風白

練收不覺題詩成一笑半池春水半池鷗

董顯庵推府見枉釜山書堂 四首

雨裏榴花午影長偶然旌節下茅堂開雲繞戶梧桐潤客竹沿溪曉簟涼斗酒幾時嗟咫尺功名今日見龔黃不辭酩酊留空谷秉燭何妨夜未央

青山一臥門長閉紅日三竿酒未蘇採藥慣看黃獨外誰人偶到白雲孤籬邊客飲花頻笑醉後歌繁鳥亦呼猿鶴不須猜從盖林巒自此即方壺

五馬雙雙度野橋清風拂拂暑全消那知報政餘三

月始得論文在一朝我道百年惟白石君行萬里自
青霄卽看臥聽甘棠月麥穗桑枝滿耳謠
一曲清江帶白沙沙邊蘆荻傍吾家松間時下聽琴
烏璧上長留篆字蝸不有陳蓄能下榻誰知顏闔飽
飡霞莫愁信宿無供給獨木橋頭繫鯿槎坡詩誓將歸釣漢江
槎注漢水鯿甚美以槎斷水取之

逼逼歌四章爲哀楊作吾賦

逼逼逼井瓶一落無消息流水高山半調絃四十年
前爲爾識嗚呼一歌兮歌聲孤滿林松月爲誰鋪

子賤琴聲戚雅弄上元驥足人難鞚陶令方脩松菊盟鄭元忽入龍蛇夢季眞夙昔擅風流莊生今日饒齋送嗚呼再歌兮歌聲長仰天四望天蒼蒼

有母有母風中燭有妾有妾子遺腹夜臺鄉思回飛轂天昏地黑楓嵐毒乘風逐霧落梁屋饑鵶啄雪鳩婦哭嗚呼三歌兮歌轉哀一泓痛血濕蒼苔

爾庭有樹變紫荆爾園有鳥化鶺鴒曹蜍卻未死此責爲誰明流雲兮木杪落日兮荒草我與爾言兮傾懷抱爾胡長眠兮不曉

菊 三首

歲晚華初發秋英落更遲回看潘岳圃寒蟻上枯枝

其二

陶令齋詩到王宏載酒過黃封注花骨白雪遍秋坡

其三

滿種黃金砌分栽白玉堂何曾隱啀鏊始得傲冰霜

重過天生橋

江上遊龍跨水濱江頭有客倚龍鱗乘冰即渡翻思漢瀨石無成郄過秦每恨流波沉合璧何妨濺沫起

芳塵垂來不盡朝宗意馬首秋風又憶尊
水入斂暉飄亂絲水邊樓閣對撐支銀疑月窟曾遊
處鐵憶羅浮欲往時半世生涯雲共懶三川風雨客
行遲凌霄鴻鵠寧無志不在題橋便有詩

寄雷劒東蒙自明府 四首

隔別經三暑江山隔萬重音書無處達夢寐有時逢
雲滿垂堂竹風傳倚澗松茂陵多病后近日更踈慵

其二

素節秋懸玉清時劒滿霜驊騮千里遠鵬鶚九天長

栁繞陶潛宅花垂潘岳堂澆花并灌栁暢茂卽肯棠

其三

何日傷潘濬今朝憶作吾九原如可起三徑已先孤向秀非聞笛王戎偶見壚哀歌不成調撲筆夜啼烏

其四

憶爾同金錫憐予飽桂之年華芳草識心事懶雲知席上談雷劍花邊接董帷牂牁何日到好去慰相思

寄贈董麟山徵君 四首

久知傳鳳藻無計到麟山日月淹滇海鶯花隔劍關

君應能出世我亦似偷閒安得生雙翼相看結九還

其二

王猛長捫虱東陵早種瓜鳳琴時掛樹鴻寶漸成砂
自古仁人壽從來遯者嘉忘機無一事隨意插三花

其三

有子承家學之官得令名丹心明白日清議在蒼生
五馬迎春出雙旌拂曙行文翁俄頃化比屋接絃聲

其四

我屋瞿唐峽巫峰面草堂偶將愚喚谷長以醉爲鄉

水侵蒹葭落風催鴻鴈翔此時應憶爾憶爾荅瑶章

許象洲元戎于梁山嘗許仙芽久不見惠詩以
速之

天邊有客饋仙芽爲是施州滿近郊幕府嘗云千里
寄仙家虛洽六丁庖鵓鴣春盡呼榆莢謝豹花深掛
椰梢極目不知何日到長歌幾度壓横敲

廖對峰以設館至梁踰年而露化其子齋泣至
山堂照骨之貧余愧不能大助也詩以哀之

稿席家千里荒山土一堆廖融知夢死仲蔚爲貧來

雨急茗華落春殘謝豹哀麥舟深愧爾相對淚盈顋

寄贈朱最峰少府 三首

何時牽別袂此日已初冬夢入飛都歷歌會許最峰緒風催北鴈元霧瞑長松偶值梅花使題詩對石淙

其二

往緣驄馬使曾度白鷗灣酒自金華饋詩從刺史刪雲留龍洞古月戀兎亭閒不得相長嘯于今有厚顏

其三

滿地皆芻牧如君亦道流一官成矮屋四野盡清謳

水落蠶叢國山銜白帝樓訟庭公事少應不廢詩鈎

壽郭夢菊太府 四首

匹馬蠶叢長杜蘅三巴草木亦知名風高赤甲堅仙骨月白瞿唐洗宦情竹下有懷歌短句斗間無計視長庚培持國脉須難老九里于今潤帝京

跨鶴攜琴道氣全不穿羽服亦天仙想應金節分今日會有銅人話昔年滿野兒童皆犢佩或時簫鼓雜蒲鞭眼前無限長生樂肯向喬松更叩元

玉液銀燭紫霞杯甘雨和風壽域開四岳已知添一

歲五雲從此護三台管寧性懶尘芽楊范睥思深爲
折梅淪落無成長潦倒留連何地足追陪
叔度人歌來已暮彭宣長憶不相隨江之永矣鮍波
濶室是遠而鴈字遲灌甕病多頻命酒報瑶情切又
敲詩開籠放雪知非事見月披窓有所思

禽言 四首

割麥插禾禾老麥將枯公家還欠去年租敲門打壁
日夜呼縱有禾麥依然無
乾柴水滴滴燒又不肯燃大姑駡食遲小姑得食嫌

但願姑嫁與公府朝朝暮暮列鼎釜終身不知此辛
苦
哥哥喫酒醉嫂嫂扶回去小叔小叔苦奔波東封西
祀鬂雙皤日往月來疾如梭料想前頭壽不多不飲
不飲奈爾何
作恠作恠人皆求富貴爾獨學聖賢學聖賢有何緣
疏食水飲曲肱眠自稱快活自稱仙學聖賢有何緣
作恠作恠富貴誰不愛

秋風辭三首

父存日疾痺經秋風多呻吟感之哀而賦此

秋風號兮如裂布我父風痺艱行步而何一往長不寤天寒日短時將暮欲往從之天無路黃雲慘淡烏啼樹肝腸摧斷誰瞻顧

秋風號兮歲云徂我父風痺誰將扶生兒小時掌中珠及長南北走紅途烏生有子反知哺我生糞土不如烏縱然有子依然無

我生我生空朽腐今夕何夕納塲圖日往月來箭到孥兒與父兮成今古丈夫生不列鼎釜死後椒漿竟

何補兒哭爻兮哭聲苦爻不自知臥黃土

與太空禪僧 二首

暑逐秋林一葉紅亂藤高竹趁西風六街燈火人家

靜閑與山僧說若空

我坐虛堂皆向實君長抱影着空多紅塵要識能爲

王秋月澄江映碧沙

蟠龍對 酬王我齋問蟠龍之作

若有湫兮乃在魚復之國蠶叢之東劍閣周遭十萬

重上有娥眉新月照羌戎冰輪兎魄藥杵紅下有雲

鬟十二鎖芙蓉瓊裾玉佩搖玲瓏雪絲嬝嬝墮涳濛化為象馬斧入焉夷宮生綃一幅懸太空影入吳瀾越漲處處不敢生山峰郭客一見心恍恍捫蘿攀蒼撥昏蓼鞭煙撻霧入層崆六月六日生嚴冬金鵶赤日翻無功銀鈎蠆尾拔幽甄大叫洞中蟠者龍羣龍兮天上爾何為兮山中滿腹雷霆暗不露爾獨忍兮塵世之瘕癰我欲以爾訴元穹金書上備起爾躬興爾雲致爾雨頓令八埏九野春融融倏然幽壑水如舞與一怒號捍强弩拼梟雄兮張鯨斧揚天柠兮伐

河鼓倒銀漢兮波底泄搖地姊兮撼天姥假與鄧客通言語六幕昏黑不知所夜來夢入龍之山別有仙境非人間瑤樹琪花團鶴馭丹沙雲母護仙關仙童侍者鏤朱顏吹風捉月弄銀灣客亦因之入縹渺扶桑赤處羲和曉東覷海水青玻璃區區五岳彈丸小安期浮伯幾輪廻俛仰塵寰多草草信知凡龍出世間啄腐吞腥空白老一聲天雞江月杳喃醒浮生夢未了真耶夢耶兩不知坐見晨星三五橫秋嶠

答贈董麟山徵君 四首

對酒知無地相思隔幾山江遥遥頳石雲斷木容關
已識珠璣綴空瞻花鳥閒殷勤寄漁月去矣好重還

其二

好句憐飛玉奇思信剖瓜十年聞大道九轉見丹砂
冲淡能爲王文章自覺嘉隋宫饒豔麗雕刻不成花

其三

高士曾成傳循良近有名古今雙美少橋梓一時生
巫峽洲中立碧雞巔上行水清山更峻觸處得謳聲

其四

溪上茅為屋天邊玉作堂有時開竹徑無意盼仙鄉每覺韶光轉閒看燕雀翔平生書畫癖應笑米元章

種竹

一曲清溪擁月臺幽篁處處帶沙栽春風但願兒孫長不畏鸞枝覆綠苔

送蓮願庵迺叔還滇

鳴雨虛堂淨桂枝西飛一鶴韓仙姿大蘇矍鑠松筠日小阮風流竹馬時錦水秋生三峽早彤雲容過萬山遲還家莫道官囊薄賸有幽人贈別詩

答王晴川

偶憐芳草賦胡麻爲占溪鷗一席沙雲本無心常出岫鳥如逕客愛啼花豈因肱折醫方善未必裙書字始嘉金馬玉堂俱可隱莫猜巖戶桂叢遮

馮溪子

五月山中溪水長樹杪百泉飛泥淺怒濤赴壑助松聲白日魚龍成魍魎溪邊布穀日催耕溪上貧家佃作生瞻言彊以須臾肩鉏笠朝朝天未明生涯飄薄惟破釜風雨留連薪作滷大婦斫竹小婦舂折莧煮

糜日巳午田中健兒怒飯遲兩三赤脚隔江湄欲向
平橋路巳繞撻溪咫尺卽芳茨解衣調笑方移步未
到波心先失足難言白水郎元壚綠波信是黃泉路
大婦小婦奔溪前淚滴溪沙沙亦穿晚來水落溪頭
石夫君欲傍石床眠單衣敝席封淺土眼前酸惻生
今古前山一夜風雨深幻形依舊棲水府憶爾當時
去往情壯心視彼康莊平預知河伯權生殺誰能慷
慨赴滄瀛人生知進須知止水災原向火心起淚言
鬼母哭輪迴人還靈活溪水死忙裏幾番失脚來世

間萬事類如此君不見村中馮溪子朝唱竹枝暮蒿
里

雜興

十二峰之杪上有異人莊諸山盡右貌風致近陶唐
周遭數竿竹朝夕奏琳琅望中練布泉白壁掛滄浪
中坐一癯翁雙瞳摇電光飄飄雲漢間泥塗卑八荒
偶因採藥去邂逅此相年長跪前致辭此恐是仙鄉
願授長生訣永侍左右旁翁云我非仙致身等尋常
世上有丹青染之令人忙忙病最難醫六鑿紛徬徨

翡翠與文豹，豈不美文章，顧以毛羽故，翻以毛羽戕。
我本素心子，衣服擣元霜，頭盖不我青，腰帶不我黄，
袈袍不我紫，玉佩不我蒼，楞散與世違，卜此聊相將。
朝朝斫黄精，服之比瓊漿，山海辭灰刦，我壽猶自長。
世人啖煙火，不敢索此嘗，緣此白懍悷，視我如鸞翔。
浪說有神仙，羨問及紫陽，稽首受斯言，欻然起曹䟽。
語訖忽不見，雲深路渺茫。

溪上春興 十四首

春草年年綠，春山處處奇。落花如有意，流水本無知。

劉寬青霄客鏗鏘白石辭殷勤寄猿鶴正是舞雩時

其二

種竹不計个結亭只數椽乘閒將句覓覺懶抱雲眠

歐冶原無價鷓鴣別有天從容無一事祗恐易成仙

其三

獨此溪邊寂兼之野與長山川毓島嶼人世近羲皇

有客來花塢移尊傍石牀朱絃寥落久三嘆對宮商

其四

三竿兩竿竹一寸二寸魚此會堪棲鳳年來可贈書

莊周空往貸衛女莫欲歔拾得羅浮種應歸渭織車

其五

一髮青山遠孤亭黄鳥鳴煙霞春睡足風雨夜燈清
謝朓詩多麗羅含菊又生秖緣樗散便不是爲逃名

其六

草緑黄芽浦春歸白露灣四休堪任世三徑可怡顔
王烈終思石圖南只愛山清風還繾綣來往打柴關

其七

雨後山如拭春殘興覺饒小橋浮淺水曲檻護深條

江海孫登嘯樓臺弄玉簫幽人得眞境不在馬蹄遙

其八

衡門多閒寂溪木更蜩蟉世故憑黃髮生涯傍白鷗
江淹何事恨杜甫爲誰愁一笑無勾管終朝看水流

其九

到處心俱泰尋常興亦奇花容勾酒膽山色濕詩脾
海宇昇平日春風獨樂時前溪有芳杜歲歲寄相思

其十

抓徑幽通谷三山翠作堆鳥非緣客喚花似爲人開

陳繹將書至山公　載酒來翻因車馬到踏破一灣苔

其十一

春事亂如麻春山　背郭斜雲屯千樹鳥鼓吹一池蛙

我愛陶宏景誰傳　蔡少霞何時通脫屣相與話河車

其十二

氣壓豐城劍光堆　合浦珠我生隨白幘花鳥郎青蚨

尋聱非詩引登山　藉酒扶六橋今夜月千載照林逋

其十三

看竹雲生屐聽泉　椰囀鶯古今行步遠風月擔頭輕

藤鼠知年齒醯雞識利名人生鷗鳥共達者可忘情

其十四

廠幔催清曉看花媚夕卮芰荷初有服春水正宜詩
啼鳥通人意懸蟲似釣絲原來彭蠡笛不向世人吹

贈小溪

疊翠堆奇自畫屏小溪欹石錯繁星一灣古水今生
緑兩岸長楊短着青崖壑雲常連豹霧柴門戶或浸
鷗汀相思記得曾溪畔風捲松花雨打萍

杪秋有懷郭夢菊太府輙賦五言十二首奉贈

衆酬佳句感時陳抱并見乎辭

計國投龍劍排雲叫鳳墀徒薪憐獨苦梳髮已多裨

補拾蘗蟲識手標白獸知姚崇陳十事唐室仗安危

公曾上時政疏十事

其二

白日攜琴鶴青霄刷羽毛龔牛來海甸韓鱷去江濤

墾地三分土耕夫一半刀峽中藤蓋屋往歲幾家逃

其三

落木鴻初到褰帷菊正明秉衡時有待典郡歲仍更

地闢劉封丹江深　白帝城文翁多化雨肯讓峴山名

其四

每讀夔門稿燈花　報夜分已看奎壁燦轉覺蕙蘭芬
象馬蟠江月樓船　接海雲偶然生異輿應更著元文

其五

玉露垂懸谷金聲　擲草堂體裁欺鮑謝雅調入宮商
雀噪空爭樹鸞鳴　必向陽口知折襪線無計闘縧長

其六

落手煙花熟迎人　水月圓看山隨屐到得酒傍蓑眠

譙秀甘遺世，桓譚獨信元。于今千載下，巴國見遺編。

其七

午夢殘金馬，秋思入玉琴。楓楠千樹曉，鷗鷺一灣深。
魏闕瞻如昨，蘇門嘯至今。鳥花知我意，拉我到青岑。

其八

吾道松楸淡，年華鷓鴣啼。空能懷鮑叔，原未見祁奚。
月落峨嵋淺，雲迴灧澦低。江湖多少事，憂處盡情題。

其九

捫蝨淹三徑，騎虹憶十洲。丹砂期熟鼎，白髮欲生頭。

自愧非高士多應負細侯清風吹杜若咫尺隔仙舟

其十

不是厭輕肥何曾任翠微龍神應沵澤鶴野故驚飛

渭北春花晚山陰夕艇稀五雲多處望一望一瞻依

其十一

秋杪綿衣薄窻虛竹圃斜懷人驚白露寄遠折蒹葭

欲線期無地書裙思轉賒交神偏入夢入夢筆生花

其十二

瞿月流三峽巫雲掠九霄江山遺此勝感遇幸今朝

陳楊應知設袁扉不用招春波如媚眼便去放詩瓢

寄傅志学

三十年來見大家而今對客賦蒹葭溪邊飲酒天將午竹下懷人目欲斜已識門前栽五柳豈無頭上插三花諸兒剩有蹁躚樂肯學迂踈漫種瓜

寄胡麗吾

與客相逢問麗吾書香喜又見韓符十年翰墨三都賦一日功名五百呼笑我閒中多酒債知君忙裏少詩租何時得遂山陽願醉臥松根月半梳

登彼篇 示諸公

登彼日觀峰兀然掃石坐雲霞爲佩裾金玉爲咳唾
下視紅塵人盡爲紅塵縛方着紅塵衣終以紅塵破
登者之欲如何獨馬不用馱我馬如元黄依舊紅塵臥
君不見人間擒龍打鳳仙連山爲琴黄河絃

贈別唐漢田

黄葉紅亭秋可呼賦詩贈別泛屠蘇望中鄉國三千
里坐裏樓臺十二孤官冷應知餘音帶時清何必話
頭顱交翁化蜀今猶昨不在談經與剖符

向雪亭見訪

七夕銀河暑未收馬蹄底事不相留風塵憶作秦中客蹤跡須知水上漚茅屋石牀三伏冷黄柑紫蟹五湖秋雪亭想在山陰畔得興還撐訪戴舟

不不歌

齊奴婆娑矜豆粥堆屋黄金三萬斛金張舊業何能徙兩宮雙闕帶千甍千甍萬斛應難托莽蒼朝開莫澴落太山神女嫁西瀛地黑天昏風雨生須臾鳫鶩呼豢廊白衣蒼狗一時平翻愧焦螟巢蚊睫自來自

去了無聲爾何苦英雄自白無常主爾奈何鳳沼原
來卽雀羅不不歇不不歇何須浪飲丁都護嘗破衣
情不在多君不見瞿唐來矣鮮種松千尺種椰短

雜興

鮭魚插高樹光華滿樹擢發膽偶封塗春意一時回
莫言灰已冷吹之猶可惺惺時還灼爍烹葵及調鼎
枯絙聲百折溪椰高千椅天生此物有何心長與人
間管離別焚香告天與天盟願天此物不須生翛然
無事茅齋下萬山松子一溪蘅

欲遊岱岳孔林先寄楊作吾

泗水白縈青帝麓尼山遠護聖人家龍驂碑碣蒼松古鳳德宮墻老檜斜歲月空驚懷蕙圃斗牛應冷舊仙槎而今地主歸龐統幾度飛揚醉莫花

林明府以外艱還秫歸別之以詩 四首

半是圖書半是琴蒼生盡憶秫歸林武城惟有絃歌在一曲相思調轉深

三日歸程八月槎昭君村傍水之涯朝雲暮雨思君夢夢到村中第幾家

此出多應忠孝來來時懽笑去時哀春風一日吹芳草乘月還登郭隗臺

不識相逢到幾時明年南岳是佳期夜來去閩瞿唐集還少三遊洞裏詩

瓮山堂成憶昔篇一百韻呈莊明府

憶昔遊元圃相看貫白虹唐科龍虎出虞藪鳳麟同海嶽開秦甸菁莪入漢宮祇台思夏后壽考憶周酆野鶩皆登俎秋蛇亦入控隋珠常並燕楚玉不遺璁禮樂遺昭代琅玕有陛躬明華金筠篪麗藻玉玲瓏

紫電氷千尺紅綃霧幾盅鄧林材共梓崑頂石俱玒
顧以親垂老兼之病益攻江湖家獨違風雨鬢雙鬔
北闕心徒壯南陔志未終傾葵時耿耿拾椹更忡忡
芳樹憂鶗鴂甘霖或螮蝀跳丸虛宇宙穿屐倦龍蓯
傾國嫫如在連城價自逢知章心久破杜甫耳非聾
也覺鷹非鷙雖言豹即貘魚因緣木拙兔爲守株愭
繼懸愁金奏羸駑畏録懞思鱸秋有約倚馬夢空隆
擊唾誰千里逃酈且六蟲燕關雲慘淡灩澦月朦朧
未展干時策長看入午銅回腸頻轉轂歸路疾飛駛

綠此投三峽無由見九嵕陸逥還入蜀种放復居嵩
去去時非晚蒼蒼勢本穹往來眞泡影斷送賴醽醿
草歇劉郎綠花殘白帝紅峰高遲鳥翮溪漲疾漁舸
术客千枝月鮫人一菰風陸渾山崒嵂頽灘水冲瀜
徙倚還荒徑分明覺轉蓬羅含環宇菊靖節候門僮
夜雨追姜被霜蹄恍鮑驄衣存游子線壁掛嶧山桐
母飲猶堪卣隣漁缸饋簝逡廵藏滑瀡次第摘蔬菘
共道家非國誰知孝卽忠百年惟菽水三釜付瀧涷
豹未文章顯烏先羽翼獅蓼莪原不讀寸草已微功

自識成書對人傳近渥灃居蟠依薜荔顏閭友獐狪
出處令人尋陰晴造化公天高憑雨露地潤任西東
打麥成茫蹊乘槎總繫空豫樟非杞棘鰌鼉卽鯨鱅
黃紙灰應冷青箱意轉烘平生慕山水眞假圖饞饔
旋架崖根屋還栽石窨稜園應疑向秀宅亦近揚雄
蕙徑中封蘚荆扉不剪茂清泉隨意活脩竹自然翁
霞氣侵桃樹煙氤入桂叢鳥孤穿葉密蝶弱撲花豐
石瀨徘徊抱溪田宛轉通參差成曲巷高下隱迴櫳
青眼輪輿寂黃昏社鼓鼕是山皆得詩髓靈藥已成獴

草木俱仙品年華度褐綢曉風清枕簟暝色黯杉楓
翹僻偏宜懶文豪欲送窮山光分几席草色帶瀅濛
仰面星辰濶低頭杯斝饞臨流頻濯足入谷欲披緘
松館時邀月山尊或吸筩一聲成浩浩萬事忌匆匆
散髮飛孤鵲聽泉對野漢酒醒風入榻客到鶴開籠
坐臥依雲氣行歌沓阜螽抱雲眠自在浥露飲鴻濛
尋隱長題鳳逢車偶夢熊晚成園種漆鑽火木穿硿
覓句隨髭斷翻書見蠹訌婆娑真姽嫿雕刻覺蠮螉
寄遠聊披抑吟多欲截筒悲歎塞上馬心事楚人弓

談笑天隨子從容桑苧翁行藏歌杜若日月佩芳蘅
始覺芳齋下悠然太古中青山眞屬魏白首始招馮
笑我探奇早看誰鼓瑟工天邊摩漢鵠枝上囀春鵙
剝啄隨時至洸冥覺自沖溝中同作斷畢外莫遺葱
尙友慚孤陋論經欲折衷蛟螭須爛嚼墝埆漸消融
自後甲鉛槧知應惜燕鴻坐多塵到履靜久螘喧聽
數定生隨薄時清道未崇鷄蛙看幾變薇藿不求充
单父先投餌東阿可即戎閭閻宜愷悌絃誦到疲癃
花椰知潘岳丹沙識葛洪冠裳頻懇懇車馬下悾悾

閤報先知劣師資未覺營有詩呈茂宰無計獻重瞳

殘燈

殘燈將欲滅欲滅更揚輝遠思有沉吟披書寄翠微

覽遺事

千金買參朮珍藏藥之圃豈知敗鼓皮翻治腹中蠱

與朱雲石

媧皇善補天西蜀天還漏精衞能塡海海水愈奔鬭人間不斷老葛藤白日依然生棘荗紫陽崛起五峰巔雲石溪邊牢結搆我曾深夜話蒲團欲往方册不

可又怪爾老狐精枯木嚾前春復春千年萬年作人語翻與人間話生死話生死迷津深無底三月浪高魚化龍痴人猶戽夜塘水吁嗟嗟咫尺成千里鄉人之子已往矣江浩浩雲漫漫明月蘆花君自看

答雲石天人篇之作

莫謂天時至難言人事多一心輕道路萬物任風波枕上羲皇夢花間擊壤歌岸頭有眞與舟楫竟如何

福利道人

福利道人宅三畝壁間文字多蝌蚪山深無歷不知

春只問花開花謝否

春風辭 三首

春風起兮花殘我有美人兮江之干三年不見兮路漫漫遠莫致兮贈木難葳帡幪而將莫心惆悵而轉寒擥宿莽兮搴幽蘭指九天兮我心丹願及榮華之未落兮驂玉鸞何時見我美人兮使我終夜不寐起長嘆

春風起兮花飛我有美人兮江之磯三年不見兮路嶇崎遠莫致兮贈珠璣駐雙樹而漸遠望九閽而多

遑飲墜露兮餐落菲梛昏花暝兮我心愿願及年歲之未晏兮駕玉騑何時見我美人兮使我終夜不寐轉歔欷

春風起兮花落我有美人兮江之隔三年不見兮路沙漠遠莫致兮贈金錯日肖肖而下山花飄飄而漸擇佩辛夷兮結杜若不我洵知兮我心膊願隨風雲上征兮跨丹鶴何時見我美人兮使我終夜不寐轉蕭索

黃令長杜山堂謝之以詩 三首

紅泉翠壁繫漁艖箬笠蒲團對薜蘿笑我著書耽歲
月看君學道見絃歌花間雨久人來少郭外春深野
燒多不有明公能折節輪蹄誰到白雲窩
福利峰巒接漢齊蝸廬巘屼桃峰西青松帶雨蒼蚪
濕白石籠雲謝豹啼汲黯有才長臥治陸通遺世費
招携此情惟有嘉榮識酒自清清唱自低
相逢把袂識循艮頡水當年亦姓黃三徑未曾傳竹
葉四郊先已種甘棠綠綺見客音偏雅元鶴逢人喉
更長野外不嫌多閒寂秋高還過白鷗莊

黄廣西人安静倜儻不事粉飾雅有古循良風盖非俗吏可比也宜民之情見乎其辭

江邊送劉環溪

琉璃亂潑江之滸拄杖携壺坐夕陰十載構思非我事千緡何必買胡琴浮生窮達此江水須識流行與坎止古人風節重于山東帛安車猶不起臨川郡守癡不癡郎爲維摩剪美髭一身榮辱且不惜本雕士塑欲何爲爾鄉長年登兩室授得羣眞龍猛筆有時驢石成鍪鐐萬里長空翻海日誰言錯識南華來黄

金世上豈無臺退之花前將醉倒獨子不樂何爲哉

壽黃石崗

與君未相逢時飛玉屑搖玲瓏與君時遣會正值逢弧開玳瑁君本官中仙一簾秋水坐青氈我亦十洲客暫到人間看古雪古雪古雪 化作珊瑚扈奉君祝壽輕君肌腳踏黃鶴背身登崑崙池摘彼長沙星將此白雪辭辭古調高筆如掃萬年同祝塵寰小

招張仙歌三首

世傳張仙化而爲龍余以萬物莫久若也作

歌招之

張仙不歸兮春復秋出空兮風颸颸草木决鬱兮白日趟趟石齧齦兮刺鯨鯵欲登兮不可以騶欲涉兮不可以舟君不歸兮夷猶

歸來歸來世有仙人兮別號瞿唐左宮右商兮春風日日吹琳琅歸來與仙人兮製辛夷之佩着芙蓉之裳豐隆輪轅兮與二驌驦朝崑崙兮夕扶桑于將叩天閽朝玉闕兮遨遊乎八荒一杓海水東蒼蒼喬松天兮錢鏗殤

萬物惟以人爲主淒清無如水中苦歸來兮都且甫
紫貝宮兮黃金廡斑螭髓兮素麟脯瑱玕一曲兮衆
仙起舞拍肩蕭史兮陪河鼓長嘯片時兮塵世千古
歸來歸來兮都且甫羗汨汨乎淒水府

看水篇

天地如棋盤萬物盤盤之子拮据于其間利害一時耳
五帝信手拈得失等徼從自三王而下以力不以理
中原鋒鏑塲爪牙張虎兕戰血流于河河水年年紫
白骨化爲土掘土還成壘其間瀺灂爭鹿鹿不可指

尺寸礦蠅頭多于慕羶蟻原來陰陽氣揉雜相因倚
二氣迭循環勝負異不已有春必有秋有生必有死
有晝必有夜有終必有始有王必有伯有惡必有美
有尊必有卑有冠必有履有巨必有細有綱必有紀
有華必有夷有粟必有粃有成必有敗有此必有彼
有治必有亂有泰必有否有吉必有凶有表必有裏
有遇必有塞有張必有弛有晦必有明有遠必有邇
有强必有弱有憂必有喜有往必有來有行必有止
有長必有短有譽必有毀是以勝負塲亘古皆如此

氣數之必然豈人所可使我亦常觀化幾入紅塵是
打破古今事一笑而已矣懶到棋盤中搬弄爭我你
却立棋盤上閒看浮雲起有雲飽看雲無雲看流水

寄劉洞衡

十載支離久三秋夢寐長江山巴國樹鶴鸛楚天霜
詩作蛟龍吼名應蓀蕙香南來有春雁何日度瀟湘

秋夕

積雨空堦濕秋山反照多鳴蛩知慘切落木更如何
白酒時澆菊青衫已剪何蘧瑗思寡過慷慨欲揮戈

寄楊印峰

果州桃李已成梁鶴迹還遺愧竹堂此日三巴翻教
授他年七里峡名頌甘棠無情塞雪連心冷有意江
梅照眼香却憶草元珍重久新詩不過野人墻

康村

紅樹千峰遶青溪萬壑單沙虛脩竹短春淺落花遲
水石平分處漁樵問答時鳥聲長一囀似欲慰詩脾

寄林子 二首

不見林生久悠悠未可期方秋來入夢無地去投詩

梅福傳書日程門立雪時于今二十載鬓髮各成絲

其二

迢遞遺雙鯉虛徐又九年秋生魚復浦人憶碧雞巔有客三刀夢將書萬里傳孤山多刻意我亦愛逋仙

白崖道中遥寄楊雙泉

十年杯酒龍宮日三月瑩封馬鬣時郢曲漸忘投去調梅花尚憶寄來詩王獻未見山陰面蔣翊當忘竹徑思已許瞿唐今夜月百壺同醉刺桐枝

笑吟

梦魚卽豐廩梦棺卽剖符笑我不浪梦一枕盡虛無

其二

大釣鯨與鰻小釣蝦與蟣笑我長持竿只釣寒潭月

其三

吹笛可成佛吹簫可得仙笑我懶求吹只撫無心絃

其四

徉車以行山杼車以行澤笑我只輕車處處皆阡陌

答楊郡博 二首

伯起談經日槖驄種樹時三巴稱政教五典賴君師

笑我長多病逢人每見遲秋風吹落木無賴自題詩

其二

斑斕堪製服麋鹿遂相從白日嗟河伯青天問火龍農家誰比櫛歲序到寒蛩莫謂巴川漏媧皇已補縫

題贈東明禪僧 二首

寺下長川淨夕暉寺邊高竹帶霜飛登堂便覺僧家靜得句翻思遯者肥空寂不妨通短刺相逢還欲借禪衣明年共約登衡岳坐看氷簾捲翠微

一幅蒲團百尺竿眼看孤鶴度高寒流雲時潤松間

石薝蔔長依月下檀浪說幻形同土偶誰將好句比
琅玕陶潛性懶多眈酒白社從今莫素飧

寄朱懷陽彙問愼所 二首

易水探春日夔州反棹時相違無半載悵望起孤思
積雨空林濕寒花小徑欹幽居無底事料得故人知

其二

彩筆題青嶂長歌問紫陽投詩將縮地無計可登堂
千里家非遠三刀夢亦祥王褒吾憶爾瀕海隔微茫

寄石峰

積雨江村水帶沙懷人長憶隔簾葭晴霞遠遠紅將
歛厓竹森森翠欲斜白髮何曾嫌貴客青蚨原不戀
貧家細推物理堪成笑對酒當歌看莫花

雜言答楊計部

種樹不可兩兩樹難並株兩傍枝若秀中枝必定枯
欲纏萬貫錢難駕楊州鶴欲駕楊州鶴不得冲寥廓
蜀地無窮山吳地無窮水天公怒不平取彼以均此
剛風吹不去精衛塡不起世界本缺陷天亦不得已

輓馮孔崖

似劍平生識者誰風流慷慨亦吾師丹沙曾覓三千
里黄閣空傳十二宜曾奏十二事宜身后馮唐知有
子眼前郭泰豈無碑百年回首成陳夢落日寒煙起
笛思

答郭夢菊督學

交因瀺泊成詩或江山助君昔過蟠龍擲地天台賦
芳訊飛瑶華妍談發珠樹皭以明月光潤以金莖露
照我養痾顔息彼求牟痼笑非採秀姿兀坐空山霧
譬彼欸段才已甘長鳴羿久無伏櫪思翻成伯樂顧

瞿唐先生日錄 登山稿

蘭若覆春洲金虎違秋度嘯傲一枝巢緬邈千里路
河廣川無梁無由抒情素豈識朱鸞翮還驚飛練兎
鄉耋集莊馗歌滿舊時衿文旆指巫陽桃李沾脩江
其中圓方流嫪此亭亭璐子衿江南吟終失邯鄲步
鶢鶋呌日華虞淵不肯住百年瞬息間多因牽世務
因風洒短箋願託雲巾鶩何時羅浮春慰此江東暮

送王我齋

馬蹄行色帶秋清事業河汾舊有名六載鱣堂多化
雨九霄鵬背快雲程題詩憩過滕王閣懷古知登白

帝城我欲匡廬尋五老琴尊何日話生平

龜雖壽 贈張北村西遊

古樂府龜雖壽辭中有老驥伏櫪志在千里烈士暮年壯心不已之句故作此贈之

白雲如遊龍青松如翠蓋松風撼游龍化作文犀帶俯仰天地間莫只學自在鯈然一粒碧霞丹俊儋肯當落英飡浮槎一日天孫杼便欲抽毫獻治安工部因詩方寓蜀步兵爲酒去求官釣璜物色磻溪石鼓刀未必老江干吁嗟男兒名重太山身如葉蓬蒿

慷慨鬚頻捋幾廻俯見歎餘音流水高山長嘖嘖魚
腸遇雨作龍吟縹緲久抱干時策仰天長嘯太宇寬
醉後歌殘唾壺缺君不見臨邛渴病老文園也犯逆
鱗去諫獵

送古建吾

君不見河東守前者稱賢後者否一片昭華在眼前
秦珉燕瑀隨入口又不見劉連州元都觀裏再來遊
種桃道士知何處一笑從前看蒯緱古來賢達知多
少榮名一念都難了譬如去上岣嶁尖獶蠱狿蘿只

到杪標巔一望地位高猶恨致身胡不早假令山腰可了心銅虎銀魚已不小古人旣如此今人復何疑況君磦砢世所罕倒傾蛟室愈瓌琦氷輪西晦東還燦象星捧上青琉璃一時甦被浮雲妬兎魄蟾光竟未虧完名好似黃丞相重來再去莫嘘嚱

有客

地僻忽驚千里客雲深長斷九霄鴻踈狂自識成散叟尋訪誰疑是醉翁帶雨枯松横淺水背人啼鳥隔深叢風流却笑柴桑子一徑黃花滿甕紅

憶昔歌送楊大理還滇兼酬見懷

憶昔憶昔江草綠草元之子抱紅玉天東無人繫龍足十年一別如轉燭長風吹送白雲曲今夕何夕到空谷空谷谷空谷竟如何當日相看意氣多袖拂驪龍珠能令起龍梭而君亦何爲亦復歸山跨我閒山阿無如點蒼好萬里芙蓉開縹緲銀河日夜掛天表三江五岳杯拳小瞿唐道人心已了幾欲乘鸞陵風嬌與爾同登十九峯之杪掃雪穿雲尋窈窱三千弱水開池沼荷衣蕙帶冠裳巧蟠桃如斗瓜如棗一坐萬

年不得老下視八荒如秋草

蒼谷歌 爲王方伯題

長風漠漠起平陸吹向蒼山入幽谷林薄蕭森落畫圖中有異人坐厓麓憶昔異人正少年走馬獻賦明光前飄飄凌空橫一劍彈冠不謂囊無錢一朝翻然思甘旨拂衣棄官如棄屣濤時不敢掛冠歸安石終爲蒼生起雲梢幢棨下徐揚烏紗白髮照滄浪原來宦海千年夢白日慘淡悲風黃一時哭盡閶闔血龍鳳有雛還踔絶總角之子解辭金坐中簪組皆擊節

江山荏苒春復秋三十年來土一卬壁光有氣衝星
斗石麟無語傍松楸逝波一去不復返蒼谷悠悠落
日短鬱紆景色尚依然花開花謝無人管獨存鐵石
舊肝腸化作琳璆五色章還繫令兒思百折讀之我
亦神悲愴君不見男兒志褁革此言于今猶凜烈又
不見子卿騁布班諸貧今人那得如古人古心古事
今已矣貞文孝者為誰子嵩山汝海渺不見碧雲瓊
樹空仰止
釜山堂戚

松子投幃暮茅堂下築初山深交誼少親老宦情疎種核黃泥畧敲詩緑葉書春深多燕雀鳥亦愛吾廬

答胡忠菴憲副

一秩閣筆門長閉十步幽亭草未鋤五柳先生方兀睡七松處士忽抛書霜風菊蘂迎人笑流水柴扉過者踈跨馬何時共尊酒題詩掃石摘水蔬

憶昔兒童花滿枝而今蒲柳鬢生絲十年雖忝何曾約兩地風流各自奇虞氏著書知已晚樊侯種漆未嫌遲芙蓉冷落秋光淨水白山青有所思

爲戀斑斕慣狎鷗忘機事事淡于秋千山未放盧敖
脚一葉翻思范蠡舟以我解彈明月調多君來問草
堂幽歌戒伐木無人和鳥自嚶嚶水自流

梅花

大造無冷煖孤根亦覺短自從嫁逋仙春官不得管

遊五岳還曹荔溪以詩見問用韻奉荅

不才天上誰來召有興人間且去遊携得月琴隨鶴
任惟無玉帶與僧留許多臺榭違君賞到處煙霞共
我幽乍起相思相見意吟魂又夢入渝州

淥羅山先生目錄　悟山稿目錄

寄朱誠齋

行路難

過吳氏舊莊

荅陳近夫

贈謝郡博

林明府載酒枉山中倉卒缺欵詩以謝之

竹舍

閱楊崑洲少叅詩四首

雜古

寄贈汪大池 二首

荅范羅岡兵憲 一首

寄楊鑑谷手憲

聞彼篇

晝

戲題李子瘂禪師草庵歌

王似泉下第見訪

聞王我齋遷轉

看花篇

觀棊

秋

壽李順菴 二首

對酒 四首

憐翁

浩歌

呂南湖令長自下東來僕以多病尚缺展拜雪

中偶患嘉儀且欲見枉詩以酧之

雪中留別東峯山人

來瞿唐先生日録　惜山稿

題懷梓似蘭卷

慷慨相逢劒氣丹詩成月白井梧寒江山海內誰懷梓樽酒天涯幾倚蘭南去兒童迎竹馬北來禁樹遶闌竿古今寰宇皆兄弟自是人間不肯看

登天元寺

耆髮亦自嶷僕僕此勵勉今日登此堂荒宮半荆棘怪爾藟藤鼠黑白交追逼苾蒻多偁偕鷗鶵如蝴蝴時有採樵人臥此碑中墨日穿金粟影參差舊蘿芳

山川騰紫翠合沓亦奇特胡爲乎蒦落令我心惻惻炎火吾所慕方車不可陟雎兀髀肉生翻爲山鬼識笑爾方平子勸我侑廚食鳳皇集梧桐高岡多芳葥豈不顧人間羞與黃雀息前有嶺如劍諸峰馬爭馳好開黃精圖白日生羽翼歸飛雲漢間祥雲襯五色

## 登石佛寺

喝暑欲無聊幽堂偶見招秋潭沉窅窱太白欝岧嶤寺傍孤根石溪橫獨木橋龍蛇蟠殿古煙霧接天迢迎送蒼髯管浮休白日消與清鳴磬寂望遠渡杯遥

縱目重登榭除煩，不係瓢素絃彈賈島黃耳摘參寥邂逅題崖穴留連坐斗杓林塘如姓魏刀筆吏聞堯几席緑風口壺觴對野樵開襟陟嶠舘僻熱過山椒

長歌．

君不見東隣小兒誇敏慧手抱琅玕去謁帝中拜太子舍人時頭角未完剛四歲又不見西隣老翁九十九兩鬢鬖雪蒙首鑌杖蒲輪入鄗城翠甕珍盤方適口早者何早遲何遲早者非黠遲非痴世間不獨人如此欲上蒼蒼問所之一陽嶰谷方吹鐸元枵倘

未交寒，鑰江梅忽爾出墻東婥約居然先聳壑及至菊開則不然迂疎澹泊任留連自春經夏衆芳歇方對玉露結金團通仙乘馬追風驟靖節之車瞪乎後二賢假令坐一堂更倩誰人分左右勸君看花莫厭遲鬢髮空催十丈綠春風秋月如無恙菊 蘂梅鈿自有時

了生死

死字如滄海人生水潺潺溪河有大小俱欲赴其間誰挽謝電波逆行至于山生字如布經富貴布之梭

南去與北來手足俱奔波及爾布織成尺寸皆不冬
生死晝夜斯道日中天晝夜有晦明天地之當然
我能盡其道千古猶光圓人能知此理便能了生死

獨立

獨立滄江遠回看孤嶼清綠苔園竹徑黃葉送蟬聲
世豈疎儒術人多戀利名鳳皇如欲出依舊向陽鳴

錦城歌贈從弟文進赴成都試

峨嵋秋月涼于水錦里絃歌滿人耳濯錦橋頭立馬
看芙蓉縹緲開羅綺我曾乘興百花遊眼底乾坤到

十洲珠林琪樹猶迷目屈指于今二十秋丈夫功名須脫洒捋鬚莫令居人下題橋之子何軒昂歸日蕭蕭駟四馬爾姿如玉何少年春日桃華出水蓮欲于天上陳三策須向舟中擊一鞭我今行年不爾若雙親白髮垂于鶴戀此斑斕五色衣乾坤俯仰戒寥廓此行爾莫漫逡巡揮戈駐景亦由人自古文章多傲命梓里雲山盡是春錦城歌歌聲壯一聲裂石秋椎望

誰人

誰人太硉矹築室傍睚嶅地繞龍蛇窟墻依翡翠巢
野雲流石髓踈雨淨仙茅一片泉如雪當年擬虎跑

寄朱誠齋 四首

不見誠齋久因風寄數行歲時天轉熱夢寐我思長
宿雨生叢棘晴林有閏楊烹龜無底事漫說及枯桑

其二

患難尋常事淹留劇可憐眼中皆是地頭上豈無天
飲啄且成數崎嶇豈偶然自思還自笑不必泪長懸

其三

逆旅琴尊少，空山音信遲。交情廷尉識，世故塞翁知。
集蓼心長苦，閲墻事可悲。古人求自是，此外復何爲。

其四

五月生陰雨，千山滴蘚蘿。鳴蛙長到徑，野水欲成河。
泄柳門頻閉，茂陵病更多。相思空悵望，無奈故人何。

行路難

古行路難太涉愁苦，作此反之，便寄與譚敬所侍御左遷

君不見花發凌煙閣，前日上花枝，今日辭花鐸，又不

見椰挪銅雀臺餘許秋風落還許春風開一開一落人何有千愁萬愁一杯酒胡還着綺羅曳朝塤培塿鴉狗哭十龍上龍哭鴉狗行路難行路難行路之難有如此嗟爾世心原不知幾人幾人買丹砂依然去駕黃壚車回首回首種祇樹天花迸空無着足無着足無着是人間信有難行路舉世難行絕往來嗟爾欲行之人亦將爲之何哉我有兩脚輕于灰不怕羊腸鳥道七盤九折之崔嵬東西南北縱所如未嘗蹶路淚生哀朝朝莫莫雲霄上幾度崑崙縣圃來崑崙

有路兮南北趨來盡是尋眞客只緣世上行路難烏語長嘯行不得路入南兮雷甸甸十二樓臺侵水晶步余馬兮紉杜蘅持玉簡兮朝太清叫九嶷之舜英日域月蹭與昇平喜起喜起賡復賡路入北兮石洽洽煙霞盤蘐桃花廿一斛瓊漿步紫靈長與天地爭久永寬吾衣裳兮海日靜琴吾素月兮萬籟省下覷紅塵如棄纏天生我才信不多登巢椓蠡時非他仰天白日自吟哦此身不受一塵染任爾世路之南之北或長或短或大或小或險或易或得或喪之風波

吾何爲兮而女嬃 而靈氛而慎竈欲行不行躕嗟跎
手提玉龍欺素娥 蛇遊狐立空嚙唆世路世路將子
何怪爾浮休子不信周道平于水終日兀坐愁城裏
生前縱跨黃金印 死后空成雖眉鬼行路難行路難
侑爾歌加爾飡鳳皇不啄人間粟八埏九野何地無
琅玕莫將行路起長嘆

過吳氏舊莊

策馬驅危蹬題詩問落霞頹園圍野竹細雨濕殘花
山水疑前日崔盧非舊家誰言千載後渤海變桑麻

答陳近夫

閒來無事或臨流爲弄溪山月一鉤自是磬聲驚荷簣不關花鳥傲王侯

贈謝郡博

一秋雨滴石淙莊兩度書曾君子堂逸鳳久知連北阮乘龍不識郎東牀鄰江入夢鄉音近昔看盈盤道味長閒對郁林看世德家雞野鶩墨花香

林明府載酒枉山中着卒鈌欵詩以謝之

野鶴踈雲淡浦沙盤飧市味隔蒹葭逍遥久飽元修

菜愷憸新添宋就瓜豈有經綸驚溥海多應松菊到

貧家懽呼幸賸滄洲興鸂鶖鷗鰥苔客緺

竹舍

自任苦蘇自掃塵有時搔首有時巾野花啼鳥無人

管都入先生一部春

聞楊崑洲少參計 四首

宦海愁邊夢生涯掌上危故人今若此吾道復何之

秋雨留連日闌河滴淚時寄情彈別鶴哀調不成絲

其二

汪夏思楊震平臺問范滂百年歸皓首萬事屬黃粱
風雨生芻遠乾坤宿草長曹蜍知尚健未死卽亡羊

其三

往者遊京國兼之晤達泉把杯成一笑計別未三年
交誼延陵劒相思叔夜絃詩成無處遞灑淚向寒牋

其四

鵷從飛黃蓋精英入紫垣尚平婚未畢元直母猶存
水落秋容慘烏啼野日昏靈均門下客誰與賦招魂

雜言

莫道三伏中終朝只穿葛雨餘生晚凉須換縐衣着

與丁任夫劇飲

春風吹山山欲裂一點落花一點血真血耗散春容擢黃金難買朱顏客朱顏朱顏欲住時刼灰無奈擊玻瓈玉液金脂不盡醉吞龜嚾鳳欲何爲銀光之子莫趦趄爲爾琢句開曆眺歲星一夕化爲人腐落肯甘同草木綠虵不得遊帝都白駒終自閧空谷舉頭一望天地寬何須手抱青萍哭笑爾百戰刀剪秃長恨鮎魚不緣竹酧爾一杯酒將爾愁腸傾萬斛我有

逍遙不死之神術清風爲我車明月爲我轂青天白日騎黃鵠千年萬年瞿唐子此生已知逍遙不死矣縱死亦必化詩仙不似愁人登鬼籙

針

憐爾孤標直鋒鋩鬬雪霜磨礱知出處布帛見文章天上君王衮堂前慈母裳雙雙未補報一線抵天長

赤甲行

赤甲秋風一夜饒百卉芳歇梧桐彫美人别後隔山椒蘩葭秋水天共遥欲往相從路無船星漢西流夜

迢迢尺書恨不寄明朝鸞姿一去不可招西飛白日馬鏕鏕流光轉盻又元楊援琴鳴絃寫寂寥一曲相思不成調空憶當年舊板橋

村居

野嚴黄冠對竹根雞聲雀語送朝昏有田只種陶潛秫無事常關泄栁門白石鳥來留篆迹青溪雨過帶潮痕蒲團纔到忘言處又被鸕鷀唎釣綸

石屋藤床傍釣沙緑綺白雪斷龍蛇春風夜月迎爈草尊酒芳醑向日花王烈無官知愛石邵平有客慚

霅瓜朱旛刺史頻來往疑是西湖處士家

有客 二首

窈窕青山歲已更忘機處處有鷗盟一溪流水源頭活半榻清風戶牖明共喜陳蕃能下士誰知李密欲陳情焦桐幾度希聲處雲自無心鳥自鳴

露滴雲流淨石淙野猿幽鳥亦舂容當簷花撲仙人几隔澗霞封隱者松歲月漸隨芝草長道情常共酒杯醲東京有客來相訪家住夔州十二峰

荅陳近夫 三首

淚說長安路不多舊時都入葛藤窩行來行去頭將白依舊還從葱嶺過

南去波濤千尺深北來車馬萬山平人人都爲風帆利不向輕車熟道行

月下金鈎倒欲垂千門萬戶正開時此中水火能生活便是崑崙第一枝

雜興 四首

秋風夜怒號肅殺如斤斧蟪蛄最可憐嘰嘰聲何若

人生天地間來往成古今翩翩一小兒黃髮已可數

夜臺幽且深朱黻亦何補

其二

山前食熊蹠山後食蕨薇熊蹠食之飽蕨薇食之饑饑者身常瘠飽者身常肥瘠者壽千歲肥者七十稀

其三

西方有懷人一隔千萬里秋深欲寄書托此江中鯉三年不反命感嘆中夜起今夕尺書來令我陶然喜長跪讀尺書琳瑯滿人耳念我無遐心故人猶如此

先名囁嚅翁近名浮休子

其四

蔚蔚山上松虯枝何孅孅根盤一萬里萬木俱卑眇宗工取良材車馬長安道笑彼蕣榮華發光何太早朝還滋剪裁莫卽同靡草我曾上崑崙煙容多縹緲層城爲園囿弱水爲池沼種彼十圍禾食之百年飽花非開千年結實居然小寄與山中人百事須難老大才原晚成驟得非良寶

梅軒歌 寄辰溪吳明府

江雲夜落豆稽小天花亂墜靈山巧瓊嵯瑤璋互續

紛琪樹珠林相繚繞元雲青女抱持來欺霜凌雪立蒼苔一夜東風吹石裂百花不敢先春開吳侯自小負奇節高標與爾同皎潔臨風對雪厭孤軒幽谷晴櫺兩奇絕神遊我昔泛花津翛然倒着白綸巾踈影樓臺銜莫色世上徐熙浪寫眞大癡直接蓬壺境長往令人發深省群眞向夕擊波黎羽服縞車環佩冷此軒不見又經秋洞庭青草江悠悠踏雪披蓑尋不得幾廻夢裏到羅浮丈夫行藏須婥約手抱青萍人宇廓調羹與傅事之常莫把明珠投睛雀梅根日久

自盛茶瓶同辰水變丹沙知君此去成仙今翻笑狐
山處士家

贈古養吾

一曲陽春調轉嘉宮商俄爾入煙霞原來冀北生騏
驥自是郗林長桂華寺靜樓臺侵霧樹月高燈火對
汀沙明年濯錦秋風發銀漢津頭有斗槎

朱少府曾許枉太白山堂乃遣人惠巾并扇寄
之以詩 三首

昔日充城去曾云過草堂豈知翻厚貺今復枉蹤狂

遇雨先須折乘風且奉揚菊花秋露白不共故人嘗

其二

聞爾清操甚官銜亦冷然將營長當米沽酒每賒錢
羊續魚猶在畤苗犢可牽好來看魚犢吟弄共留連

其三

秋雨濛濛落秋山處處登君應同野鶴我亦似孤僧
客到尋常飯閒居紙竹燈白雲長繞榻得酒即飛騰

寄贈汪大池 二首

水北山南春復春夢中長是爲傳神吟邊拉客張標

酒蜀酒名醉裏看花折角巾兩地共鈎 江上月十年岐路馬頭塵誰言高士今成傳髮白猶 聞起渭濱

草滿爐[redacted]花滿枝百年心事白雲知方 思東岱南衡日剛畢男婚女嫁時蘇晉有縁皆繡佛 浪仙無寺不題詩蒲團贏得團欒話字字驚人句句 奇

荅范羅岡丘憲 二首

燕社淹梅雨魚書忽草堂開緘如面命 捧讀憶台光月入咸京古雲連漢畤長南山詩更麗 煙水隔蒼茫

其二

舊負澄清志新收破膽歌惠風方偃草瀰水盡恬波
楚蜀煙嵐接獠夷出沒多攙搶猶憶昔十載未停戈

寄楊鑑谷僉憲　時姪堯亦宦滇

昔別美人兮北風颼颼今思美人兮滇海悠悠海中
碧雞飛天表銀漢一聲江浦曉長風搖曳捲玻瓈回
石島嶼杯螺小有時旌節駐層城坐令長虹海角生
三千弱水蒼茫外月明何處有笙聲此境人間不常
有暫時歡娛亦非偶欲往從之隔世寰空令秋風成
白首有姪有姪海之陽二年不見我思長剪碎青霞

爲詩章因風吹到美人傍此中荷葉大于航我欲取
之爲衣裳何時走送我山房欲來不來遥相望

聞彼篇

聞彼焦山中往往來仙客衆客事拮据一客獨蕭索
結髮坐林巒嘐嘷長憺怕偶爾太清君詣此相朝夕
叩彼丹沙事掉頭翻噗嘆止授一木鑽石盤則五尺
木若鑽盤穿輕風皷兩腋領命遄歸思反覆多驚愕
木柔石則剛此理信匪易終朝事鑽研顳頁常跼蹐
衆若笑彼痴彼功終不射有時木或盡逡廵繼杞棘

心與石同堅妄以木俱息一年復一年石薄如皮革
鴻絧倏爾穿雲然天門闢宮闕高巃嵸別有乾坤宅
滿地凝水晶輝映雲霞碧身方到帝前名已註仙籍
鞭風駕雷霆無往不可適苦樂相因仍屈伸不獨蚇
有恒通神明積久貫金石回視前石盤明瑩珊瑚赤

畫 王正邱宅

亂石粘山山欲飛白雲芳草長山衣一泒銀氷落樹
杪萬里煙波咫尺微中有幽人坐山足椶鞵䌊帽掛
孤樹來時似有霧沾衣坐久不知將日暮壓根老樹

枝半枯野雀枝間隔葉呼呼時似識幽人意好付由
泉月一梳平生愛山看卽飽試鑿閬風空自好王維
畫裏勝槩多今我幽思筆如掃

戲題李子瑶禪師草庵歌

鐵鞋踏破緇塵路眼前寶筏無人渡難將空手見空
王蕭條且向山巔住山巔四顧盡煙嵐五禪暫學蘭
中聲割霧誅雲圖了快李子仍成白石庵庵中日日
飡荒薺杖敲破籠原無底五牛一日牧山頭四方齊
送盤陀米右來佛殿多不靈羅轂空將掩雀瓶雞圓

處處迷秋草不管樓臺散落任我任庵庵任我有時庵破也亦可千枝松影逐溪東六橋長爲頑雲鎖假合狂蜂逐紙白化鶴之兒成成螺癡也不禮佛也不修心浪說披沙去揀金朝朝莫莫庵中尋瞿唐道人事知音長抱無絃自在琴幾欲抱琴訪鹿剎猶恐由中石頭滑墨花亂洒草庵歌因風吹送鳥之窠鳥窠鳥窠草庵能作佛冗般定成魔試將一轉語來寄白鷗蓑翠竹黃花滿地多當面爾若不能見草庵草庵柰爾何

王似泉下第見訪有序

天違憐疲馬春殘惜落花風塵妾薄命富貴浪陶沙
竹影侵池薄雲容靄樹斜且乾鸚鵡盞莫羨漢江槎

昔劉禹錫題浪陶沙云日照澄洲江霧開淘金女伴滿江隈美人首飾侯王印盡是沙中浪底來白居易題云隨波逐浪到天涯遷客生還有幾家却到帝鄉重富貴請君莫忘浪陶沙予之句益本于此因王問及浪陶沙之句故又以昔人二詩足之言功名富貴不可驟至必勤苦也予非輕引人以

退者

聞我齋遷轉

江水下揚瀾人歌蜀道難從來千里翮背向一枝安宇宙馮驩鋏芝蘭貢禹冠看君振文鐸斗氣轉芒寒

有花篇

洛陽橋上春如織千枝萬枝鋪紅罭鶴林神女舞霓裳幾度徐熙畫不得看花之人何繽紛不識春光在頃刻不識不識亦可憐千古已后萬古已前鳶飛于淵魚躍于天千鈞空挽六轡鬢髮白面皺轉相牽南

山呧岻石壘壘天風吹爾作游水孔子孟軻生一遭鑱鏗喬松萬遍死假令不得其中意再生萬遍亦如此踆烏白日啄人髓鑿石得火倏忽爾歸來乎歸來乎山有藏水有萱窮鬼笑錢神錢神笑窮鬼

荅人

十年不出孫明復一榻穎穿管幼安我欲溪中釣明月肯將鈎餌與人看

與歸雲寺和尚

畏冷重添破衲頭幻心原不論春秋溪蔬煮罷無

事獨木橋邊看水流

贈温崇峰

城下薰風捲玉荷城邊有客隔松蘿欲看三峽皴人勝便駕千金范蠡艖鄉思關心歸夢遠湖山入望畫圖多何時共約馮飛練爛醉仙人踏踏歌

寄莊岐岡郡丞

蟠龍山下牽裾別灩澦堆前使者還自后杳然無一字于今宛若隔三年天寒松子催鸚鵡春盡榆條怨杜鵑惟有甘棠亭上月風清夜夜向人圓

荅贈汪大池大池曾爲母不仕捐宅學中

自把珊瑚閱歲華詩來多半帶煙霞陳情李密應思

國捐宅希文不爲家笑我長年歌澳竹懷君幾度賦

蒹葭吟成獨立空相憶撲筆挑燈拂劍花

同荆淺菴推府王葵軒莊岐岡二明府古民部

遊蟠龍洞得雨字三十韻

諸峰羅兒孫一峰插岣嶁右湫山之窩雙壁鑿斤斧

沉沉牛渚磯靈怪蟠水府中有沙羅奇瑽瑢佩碧乳

幽闞墜青錦蹲踞如放舞淵水相紛飇饑蛟吞渴虎

九龍來瀑布萬壑擊雷鼓地媼澆醴泉醉此梁州土
諸山盡酕醄不知有天寓乃知天子部先后爭步武
鄉人憂旱鉢缾鑵時偷雨豈知人心靈應響如連弩
耳夢古老言仙客煉藥釜一朝帝有詔拜下頭角膴
意者巢許輩嘷嘐開花塢依山巢雲松種藥傍水滸
槎牙萬疊峰朝夕成賓主一朝隨化逝蝎來同啄腐
爲人復爲龍事亦近蒿適髣髴李八百空筌入仙譜
綠鬢餙玉輩好事成多魯偶來登此山春花鬬蓮莆
二三遊宦客暫解龜魚組尌水凈煩襟一洗塵囂腑

乘醉弄潺湲出洞即今古安侍駕飛車減轂入天姥

更有翛翛與走筆愧鸚鵡幸爾披仙在郡爲徐凝補

我有半輪月

我有半輪月摘之自峨嵋從我江南遊長伴江之湄

今日歸來北牕臥剪碎清光掛我帷有時清光還入

夢八荒寥廓天如洞瓊樓玉宇空崔嵬滿地水晶塵

不動下土車馬聲如雷巴西來矣鮮手攀腳踏應無

路亦何自而來哉豈是撥雲披霧天重開九關虎豹

吼喝自迍邅須臾須臾毛骨化于灰恍然輕舉入三

台寤時不覺來矣鮮只覺前月半輪升山巘

衡門

裊裊嵐光作翠淮青青松葉覆蒼苔鳥從白石橋邊度花趁黃梅雨后開麗句暫吟元鶴舞衡門欲閉故人來夢中擬在磻溪上修竹千竿一釣臺

病后禁酒午日默坐二首

世已慚無補詩如偷可呼三年思舊艾萬事泛新蒲竹窓溪塘靜身閒筆硯孤惟將逍散意銖兩博榮枯

其二

青憐秧上雨黃入隴頭枝杜甫宮衣夢陶潛止酒詩
水流松徑淺鷗度溯湖遲隱几無言意長思南郭綦

時事有感寄林明府一笑二首

寥落幽居稱素心百年麋鹿臥長林石牀藤屋堆千
卷蘿月松風抵萬金自古救人須井上看誰避暑仗
蓬陰綠綺雖在無絃久空負隣家借好音
江上紅波雜素濤可憐明府察秋毫當機恍惚將投
杼迎刃從容始見刀鐵笛三湘心未償金書五岳興
長豪笑來翻遺墜前約對雨挑燈誦木桃

酬李鐵石

小時誤吞五色鳥手拂青羅歸海島赤繩梟嫋縛麒麟金窖陸離堆碼碯蠟桃鞭落九花虬紅塵不動春風掃龍翔鳳舞容卿狂撐霆裂日尖奴剛媧皇輟補崑崙石斗問紫氣怨琳琅摘卉搜春沉大雅綺羅人語風斯下東武鵾雞何寥寥亦有承間遣之者近日只彈無心絃三峽流泉如棄瓦孤圜誰寄八師經翻于櫓稅長螟蛉寄去衡山風懶瓚莫將螭豹雜驗騃

荅楊少臺

淶之水悠悠我有美人兮　灔澦洲洲之石齒齒我思美人亦如此美人別后卽天涯塵寰一隔掛青霞我欲剪霞爲爾佩遥看玉珥夜生花陸離燦爛中天起化作蛟龍度燕水忘機之子何寥寥寒筝不吹今久矣春風一夜飛尺書琳璆　滿目病將踈何以報之虬松珠洲前應得看蟾蜍

懷昔行哭苟麟洲僉憲

太峨之子前坡仙抽黄對白筆如椽聳壑昂霄剛十七錦裹看花最少年緑袍已掛新郎早雲機更羨天

孫巧詣闕上書還浣花乘龍仙子歸蓬島銀漢橋頭孔雀嬌鳳凰樓上箜篌小佳人才子照春燈素娥青娃相看少雙雙繾綣扶桑顛風流文采共翩翩珠明玉潤原相媚菟柳宫花色正妍笑我江淹幽并久多君相知又相厚青州屢貫白雲篇每拔桃李報瓊玖四海風塵各西東十年意氣還杯酒子方持節武昌時工，時供帳都門柳栢府人從天上來鄂渚雖然洗塵垢孰知湖邊一夜霜曉蘭方瘵琴隨亡猶憐伯道無兒日元直老母正高堂黄牛白馬波濤惡蕙帷回

首人蕭索浮雲自古姤冰輪花開莫遣常離鐸思爾
空作憶昔行西風木葉紛紛落

七夕辭

伏羲一畫洪濛破太和元氣相環磨春到鵲鵓啄椹
時駟星每每催耕作周道依微杼軸空耕夫半挽征
人弓中原白日拼攙鶴道上相逢問七雄帝闕下土
盡肝腦滿目攙搶何處掃欲得四海盡昇平惟有男
耕女織好河東美人事杼機千幅萬幅雲霞衣纖手
龍梭歸碧落月滿蟾蜍露未晞河西牽牛耕銀浦鉏

犂朝夕天潢土耕罷蓑衣掛扶桑橫吹短笛過河鼓雙雙作苦亦可憐羲和封奏帝之前帝命東西諧伉儷越此秋清秋月圓是時銀河不可步眼前隔斷河之路靈鵲報喜是生涯役毛編作鴛鴦渡年年無句敲長秋相逢相別各東猶舉案只隨天地老齗笑人間啄白頭從此八埏盡耕織詠求寂寂豐衣食玉露金風送虎貓朱緑元黄忘帝力偃旗韜及海無波大下不復用干戈竹馬兒童齊拍手歲歲春風擊壤歌

問岑公 寄李明府

峨嵋玉壘東復東翠屏巑岏横青葱上有江珠碎月
刺蒼穹煙華霧蕚輝朣朧下有合巘滉瀁繞鮫宫直
與天潢渤澥一氣通洞中仙人名岑公揖金拜木坐
昏蒙三十六鱗何者紅有日騎飛訪渥灃左驂滕六
右驂虹后驅列缺前豐隆潢姑渚畔洗腸空會遺嬿
陵華約我同歸山之中今夕何夕鶴生藍乘風載筆
來問爾初平一去白羊死媧皇五色化于水王母蟠
桃涷不開六鰲折足空飛髓岑公岑公爾不歸兮將
奈何紅塵赤日隔煙蘿黃牛波漩惡赤甲楓楠多彌

我青萍侑爾歌爾不歸兮將爾何青蓮道士風流客
派出桃源自高格回咳唾于鏗金速珠璣于裂帛求
勿漏之丹沙翻冠裳之逼迫不須再訪已往之羽化
呼空山之蕭索寰中我亦謫仙人何時來了載詩一
車李子携酒一石鞭鸞撻鳳共登岑仙之舊宅醉后
却把驚人綺句問青天長嘯一聲江月白

弔仝思亭

已矣于今憶昔朝揮毫搔首自飄蕭春風同踏燕關
雪夜雨窗穿易水橋三伏漸生原上草百年回首梦

中蕉踟躕欲作哀時賦落日層城起野燒

贈別莊少岐

良會能有幾行裝遽在茲青山杯裏過白日醉中馳
召伯修行后胡威跪問時河陽花豈約彭澤柳如知
賫劍雙龍舞長風一鶚隨躋攀從鳥度徙倚看雲移
水流劉郎浦江深白帝祠三都雄勝濶七澤覓煙瀰
郭璞岷江賦謫仙蜀道詞問奇停棹从懷古放船遲
海宇多萍梗河梁此別離嵩山不可見明月問前期

太白山堂成 四首

茅屋礙朱明春風到杜蘅松應尋竹友酒或是詩兄
陟巘憑空遠臨流獨濯清犬貓機事少不論結鷗盟

其二

月入囂囂榻風清皞皞窩（山下二堂楊大理名其左者囂囂榻右者爲皞皞窩）
鳥花成富貴禮樂自邱軻兀坐忘人象論文或客過
枯桐如手滑隨意足高歌

其三

誰是人間樂誰爲世上閒閒非宮室好樂是水山間
欲下全牛手須先見豹斑蝸廬與斗舍到處可尋顏

其四

松老蟠虬鐵篁幽覆甕區廣　居無定宅安樂即康衢
與我二三子乘風南北隅　欣然多揖讓白日見唐虞

送李獅子岡

何年與爾同題雪此夕挑燈　更對床元鬢無言知歲
月青蚨有職管炎涼水邊樓　閣搖盪浦天外帆檣跨
呂梁行矣風波須自重北雲　南樹各蒼蒼

張北村卜居學公用蘇　子瞻移居白鶴峰韻奉
贈

何人持斧斤鑿此江皐麗紫電排虛牖流月山泉細
岑公煉丹砂鶴駕曾此逝我今千載后誅茅聊一憩
傭鼓王門瑟漫作任竿計都歷連巫陽宛若芙蓉砌
澄江斗熨平蔥倩映螺髻俛仰天地間萬物眞委蛻
頃來稅塵銜初服宜薜荔緬想蘇子瞻灰劫觀此世
結搆白鶴峰飄飄托雲際金張高甲館于今等醯蠛

無才

古人不我追今人不我隨無才能出世有酒可澆詩
月照埀江閣花開向北枝惟將花月味飽嚼荅淸時

羅浮高贈郭夢菊

君不見海水生塵化爲石盤礴凌霄十萬尺仙人石上有眞君正當碧落中分脊郄恨蓬萊道阻修仙人兩地各夷猶酒酣白日呌陽侯手折扶桑鞭海虬盡驅海丁如驅輶海歃波立蓬萊浮一夜飛來相綢繆兩山合後羅浮之高更巉嶢不可及兮俯視三江五岳如浮漚珠林掩映青霞樓今雲古雪團丹卸上有龍公之竹掠星翳斗風颼颼九苞枝上鳴琅球下有銀河之水銕橋流濺沫瀟湘七澤秋仙人日向銕橋

遊坐見金烏浴海火輪浮有時騎鶴止金烏金烏不
青留兩翅扇海朝呑夕吐相奔仇我曾觀潮夢桱槧
脚踏雙虹臂六羽朱明豁然廠八荒羣仙四坐成環
堵意中有仙似姓陶珵纓璐佩翠雲袍授我青鳥篆
飡我白鳳膏歌我雲和詞醉我瓊粘醪約我三千年
之後同遊四百三十二之靈嶅紅翠一聲海月高須
臾轉盼止見青煙白霧相蕭騷孰知群眞更有傑直
與羅浮爭巇嶮袖中出函烏玉玦束以胡繩韜彩纈
偶向江頭洒青雪九寰盡散琳璆屑我忽見之五情

鶖駕電蒲梢剛一瞥王母蟠桃今幾開鶴馭仍飛赤甲來俄頃春還草木荄榴花噐織雲錦堆輕風有日送三石玉爐金掌映鸞臺左璦石稷兩驂陪始知漁陽會稽之數子者已不足伍區區葛洪軒轅拎黃閣自之小兒又何足道哉我生好奇肆探討地肺天孫心未了盧敖不得遊太清紅塵去住傷懷抱羅浮高可仰兮不可卽兮捋鬚何日巢雲間左弄奇石之煙霞右拾花首之瑤草羅浮高奈之何自拂青萍自放歌

孫代巡賜扁呂明府催謝詩以荅之

十載方將一成成滿園松菊成時生而今若爲霜威破草木焉知不笑人

野望二首

野望峰巒濶吟成屐足遲孤僧奔乍雨群鳥度幽池欲往隨枯杖從來不皺眉自看多自得不是若敲詩

其二

遠屋依岡阜沿溪長杜蘅前峰披霧出社鼓隔村鳴久矣成殘朽無緣荅聖明自知還自愧不是厭逢迎

贈徐我山

一官萬疊鄒門關又向瞿唐灩澦還豈爲功名能適意秖緣甘旨暫開顔扁舟東下秋應杪宦轍西來鬢共未斑不識南州今幾葉清風我亦愧追攀

煮菜

短摘緑多客鮮烹爲解酲不忘松火急仍以瓦盆盛慷慨輸投筆年華去請纓雖看川上水日夜赴滄瀛

前峰歌　壽高前峰高諱友曾任棱江辭感枝人至今誦其清節時壽八十有六

玉疊山高高入天阿耨驅車不敢先萬壑寒流飛琥珀一峰硯硉山之前峰前草堂大于斗山人住此亦已久白雲無心任往來有時逐雲到溪口翛翛四壁掛藤蘿蒼苔塵迹偶經過手把珊瑚長白笑笑爾天地如予何小時掛冠不受祿秋水蒹葭對苜蓿湖邊清節重于山栖李霏霏共湘竹當年磊磊河太奇玉珥回看尙陸離而今一笑成陳迹誰信青山有紫芝紫芝之紫芝之亦神物不似人間煙火粟山人餌之今幾年頃令紅顏生綠玉十洲我亦長生仙謫入人間四

十年常向峰前弄煙水兩人相對山花然我有一杯長生酒欲往贈君恐君有仙人自古心情淡不似人間報瓊玖因風吹送前峰辭一曲高歌萬物卑宇宙此峰如不老願君與之齊壽者

觀棋

逐馬驅車着着爭滿腔心事不寬平將輸偶或贏殘局得勝猶妨伏暗兵兩路風雲齊入會一時喜怒各殊情眼前戰鬪眞兒戲惟有棋夫看得清

秋

日月成何事江山信已秋往來依塞馬用舍見韓牛
地僻人應少詩清宅更幽水禽如有意時過蓼花洲

壽李順菴 二首

綺席芹池廠清秋夜氣涼百年頭尚黑九月菊初黄
壽以青氈永名因紫電彰霞觴成一笑衿帶滿宫墻

其二

地遠心常邇時違禮尚存因詩思斗酒慕道憶龍門
人隔梅花塢名傳杜若村何當操几杖燈下話沙尊

對酒 四首

對酒賦芳草將詩倩白駒桐花開次第松子落斯須
賈誼終歸速馮唐不是迂竽彈流水調莫須學吳歈

其二

地僻春水淨花發夕陽遲三畝廬仝宅千篇謝朓詩
群鷗歸碧樹獨鶴下青池無限江湖事留連到幾時

其三

屏跡詩成癖尋虛學近禪幽溪蟠瘦石白屋厭朱絃
宣甫思浮海韓琦欲捧天天高兼海濶何地可投元

其四

漉酒陶元亮披蓑張志和古心惟北此今日欲如何
黄鳥啼青嶂巴人帶楚歌人心知鳥意興到不須多

一隣翁

九十光陰百歲期紅顏猶勝少年時誰言白髮多公
道看起而今也有私

浩歌

世人往往慕神仙休妻絶粒住山巔金石無辜長養
煉剛于九轉竟茫然某也拔宅某騎鶴某也黄金點
瓦礫好生惡死人之情頓令婦姑紛六鑿更言方外

有蓬壺鐵鞋踏破髩鬚雙枯木欲長生得遺散翻合奔馳不得蘇天地有生必有死不生不死乖常理不死之人誰見之不信眼中空信耳混說錢鏗八百多還同世上夢南柯八百之前更可羡八百之后復如何塵世清閒人最少盡因富貴生繚繞不求富貴即求仙依然白髮成秋草我不求名不慕仙一聲浩浩自花姻清風吹我後明月照我前想應天上仙人樂不過逍遙聽自然浩歌復浩歌歌罷抱琴眠一枕華胥夢還到孔顏邊朝聞夕死有何嫌君不見祖龍持璧

終不悟海舶浮天競欲渡蓬萊仙子安在哉黄沙白水迷歸路

呂南湖令長自下車來僕以多病尚缺展拜雪中偶惠嘉儀且欲見枉詩以酬之

歲晚松篁化素仙清清長日枕琴眠偶然使者來三徑正似瑶花下九天欲戰恐輸蘇軾鐵有情先放剡溪船相逢未許知何日對酒還歌白雪篇

雪中留別東峰山人

敲冰煑雪對東峰暖筆圍爐興亦濃負郭應無田二

頭登山肯惜路千重眼前顛樹迷征客澗外長松掛素龍一刻令人戚繾綣百壺何地更從容

白崕道中

木落江寒曉日遲蒹葭楊柳各離披誰從野店來沽酒我欲長安去賣詩遶水抱村連若斷危橋欹石險還夷翠微何處一聲笛驚起鷓鴣過別枝

讀書

青青一徑栢得雨發華滋抽條過墻束旭日蔭紛披秋深雨漸久枝幹生蝌蚪豈無澆灌力好處翻成醜

歐冶問鵶九此意竟何如鵶九竟不言相對各踟躇

學忙三首

到處相逢郎學忙忙人憐我授忙方如何一調無絃曲又落從容自得鄉

其二

不我忙時我覺痴覺痴是我學忙時忙人見我空相笑無奈春風海月知

其三

幾度將忙學不成一聲鳥喚百花明而今老大難鞭

策惟信周行自在行

秋風

爲懶茶經熟因閒琵譜工時清容蹇拙道在任窮通
殘葉迎霜赤寒花得節紅人生花葉共風至自西東

有吟

有書當市肆有琴斷稿梧有竹饒萬竿有松近千株
有山名太白有屋似眉蘇有月照前溪有花種南隅
有足不入城有手常操觚有學陋丹砂有言闢苾蒭
有詩隨興題有酒任客呼有夢入羲皇有志成丈夫

誰人憐我無勸我走紅途

無吟

無父舞斑衣無母供春酒無田可負郭無錢足貫朽
無貌驚王商無舌談空有無友相規勸無師責好醜
無翅追鸞鴻無藥駐蒲柳無琴抱侯門無裾獻瓊玖
無營長打眠無才縛赤手無恨樂昇平無愁到白首
誰人誇我有勸我紅途走

周松臺下第

送子踰巴嶺挑燈欲斷腸酒澆今夜雪貂破隔年霜

擊唾心長赤加滄鬢未蒼花開無早晚日至即商量

拙軒爲王少叅廼尊題

杜甫思深筆如掃蕨拾橡栗常不飽天寒霧重把長鑱白馬黃牛身已老李賀少年即特獨二十七歲人間哭鰲擲鯨呿字字奇天東不嚼燭龍肉怪爾椰椰州乞巧亦何由晚到愚溪上抱璞自遨遊君不見春蠶運巧心獨苦終爲人間供織組游鷗無事自忘機朝朝莫莫共人飛嗚呼拙之時義亦大矣臨軒作歌花撲兒

# 重刻來瞿唐先生日録

## 述悟賦

來子居太白山有年矣長惡此山與先達同名也一日趺坐其巔恍然偶悟作聖之學因述悟之所由取以易茲山之名焉作述悟賦

嗟生民之蟜蟜兮統嫣姘于乾幕紛齗鬖于迴遊兮靈萬物而綷約駁猗納而繽處兮鮮妡傷而絡絡時登巢而椓蠢兮與禽獸其相若苟萬古其如斯兮亦惛惛而噩噩益太和于醇醬兮疇長驅而短斮豈知

花蒻之索敷兮羌有生而必擇迄五龍之比翼兮掣
太眞而墲披人方出而御世兮鳳亦出而鳴時物理
竆則必變兮事久安而必疵木方朽而孳耳兮潜火
埭而生鼃䮛揖遜之奇侅兮忽虒虒而豧夔偶宗廟
之生黍兮欻嫫裂之生髭違乾坤而作訟兮化坎離
而戚睽鯨鯢遊於嶄巖兮雷電震於淵涒上摻而下
黷兮霧三精而颬颰天既降災於阡陌兮豈不殃及
於六籍或身涉而臂韡兮或强幹而弱枝或火匿而
金曜兮駔或因之而易犪鴈翮翮而南向兮水滜滜

而東下蟬冢冢而無聲兮木飀飀而飄瓦天晃晃以
漸高兮昬悠悠而西瀉海坱坱而生塵兮山沄沄而
禕閟哀六鑿之澩散兮冒眞淳而賭假齏灩衮之木
偶兮亦如聾而如啞苟衡輕而纊微兮懖顏冉其上
苴條緇鉥其影撇兮卽黽蟻而奔馬噩羲皇之邈遠
兮長永靖而遑遑歎五臣之邈遠兮賡歌颸理於一
堂開群蒙于精一兮降帝道於羹墻如日月之中天
兮至鄒魯而煌煌誰臭味于風雲兮應千載而鏗鏘
豈斯文之欲殘兮乃河清鳴杜之茫茫志士當此日

兮如臨河而無航翠濤玉莚之精兮反覃味之瀲漏
贇鬱蘂之遇剞劂兮生意愈工而愈拙豈珠翠之搖
曳兮卷蕢因之而不纈彼擷摱夫菡之穟兮洵穲稏
之珍栔趧婁齊靡靡以進兮何嗟乎大雅之蠹消紛
欲迴江之漪瀲兮弗尋崛崍漗坎之所繇瑟枝條相
炎以茂兮愈布濩而蕭斂況瀿涇而瀟渭兮決河漢
之堤壖越隴遵以披潑兮如浮萍之濞儦謇余鼻于
乘鼇後照兮鍾玉壘之鬴寶乃生于旃蒙兮月淵獻
而方授樕鶴集于庭兮亦如鸞而如鷟欲長鳴于太

空兮又如去而且就越庚寅吾以降兮會日月之龍

貔乃聽赤鳳來之曲兮聲金玉而如扣柰傑質之擷

顥兮負泰素之洪覆恐修名之不立兮揞六籍而漬

漚聊燭龍之謝電兮望海岳而樾鬬攣胡繩以爲堂

兮抑揭車而爲囿捏闌桂以爲棟兮關留夷而爲霤

芳椒兮丹堊宿恭兮結搆攎煌煌之櫱幌兮葯燈鐙

洌洌之瀰漢兮蘭莞乃製芙蓉之冠裳兮又纕之以

江蘺恐馥烈之未襲積兮搴蕙蘅而申之思美人之

涯冉兮日與月而序馳冀螢閃之微熠兮增兩曜之

庶聊尋箎修之慇慇兮解璜佩而陳素裂齊紈戒合
歡兮皎明月而爲嫭疊秋節之焜黃兮將酢醾而留
連歡懐春之夠糾兮嘆摽梅而戒萎顧弱草之婐妮
兮應蹴踴于巇巑知象虎而挑試兮長汀瀅而酸憷
何天地之無窮兮多遭遇之齟齬遘大人之未疾兮
時與心而相阻躋叔鸞之常歎兮作驢鳴而騰嬉彼
炎翁之行慵兮且止轅而執綏過九折而迴車兮慫
蹈隳而蹇危彼古人之賢達兮乃垂青而勒紫我今
不及古人兮欲跟蹤而何已彼騰黃之超逸兮邁絕

疋於纖離受赭白之渥錫兮遭紅陽之已知處濯龍之華奧兮委紅粟之詭詭余欵段之無良兮其邅迦也先宜感鸞鶴之昭鳴兮脅豻天門而繚繞帀日域以翻隆兮飲瑤池而鼓皎入魏軒而嬉棲兮出夥圍而高矯余翳眘以棲息兮其如短羽之微眇想豫章之奓奓而倰僑兮枝條棽蘢而蒼蒼隮隳崚之標巔兮渥九秋之嚴霜償冬官之掄抱兮走宗匠之傍徨高蘭宮之紫桂兮壯祕宇之文梁余樛妖而縛銚兮宜締構於衡墻曹小星之衾裯兮胡必爲圓而刓方

强欲資啄葩以鬻餬兮代留連於昏曉匪塵路之僊
倮兮乃踸踔而自撓酌剛柔之吐約兮識行藏之僟
俛敢曰牛喘之烹鷄兮恣汁旱澇以自考苐藐然于
乾坤兮敢委骨于腐草如烏視而禽息兮終飲簪而
枯槁慕元訓于往喆兮惡溾涹而下流思去住而僑
仡兮安得駕邁乎前修心霧憒而反恍兮皺葭茅以
捆謀慎竈歔然而瞀曰婘哉承婺吉而無尤生當矽
雄名于薄海兮礚必收元藻于瀛洲恐家食之匪裂
兮利飛數而逵遊盍闓蟬蛻于豳埃之外兮龢翼鳳

而相倚應龍不吞腥腐兮掠太清而蚴蟉如一物之
噍穖兮亦蟦蠐而蜉蝣苟跳踉於燧球兮烈羲娥之
漸遒胡不眈靜家於幽藹兮坐鬱扎而悠悠澄靈神
於冲虛兮肆與世而無求庶斯奉信而不違兮歸母
氏而始翺翔太素而還無懷兮坐風雅之瓊輔乃操
元辰而戒憬裝兮約親串之隱鵠捌青萍而陸離兮
飛冰霜於結綠尋錦屏而相羊兮跡褻糾之糾谷趯
咸京而懷古兮知昆明之劫灰過豐沛而夐嵯崵兮
鎗飲、歎風之臺乃聽鷄鳴於日觀兮俯回鴈之嵁崿

窺徂徠之葱蒨兮矚丈人於碧落歎七十二君之封
篆兮空湮沏而如剷慄漢武之雄畧兮亦效秦之饞
嚼況唐宋之紛紛兮胡不築臺而舞鶴憶孫胡之攻
苦兮逢讒坭而投書乃十年而不反兮甘虀韲而茹
蔬彼古人之憉𠢕兮如踐華而趯廬掛雙璧於東柱
兮醇芳聲於瓊瑤何我今之覺趨兮如饑騎而餘驢
羞纆牽之累千里兮翻駘騶之不如須抗志以烰烰
兮敢徬徨乎居諸長慷慨而發嘆兮輾轉中夜之邅
篠紛吾既遠粟里兮何南北之儵忽乃揚舲而越洞

庭兮望視融而馳突覽紫蓋之瑤華兮舞雙鶴之廻翔趨石囷之磥礫兮對石室之青蒼傍芙蓉之縹緲兮忽練帶之飛揚彼岣嶁之禹碑兮空字青而石赤當時已鸞鳳之飄泊兮豈萬年璣璣而尚則明今日之墨本兮傳蛇蚓之媥嫙恐神物之珍隱兮有鬼持而神擲覩河洛而思禹兮讀禹貢而自繹懼蒼水之玉簡兮終茫昧而荒僻彼朱張之同志兮乃酬唱於岭麓承學之在今日兮如奏搽捦之五韺安得神交而夢寐兮講道脈之逃舲乃斷視融而趺坐兮觀海

天之命巽回風塵而一望兮覺名桁而利祭思烏舉
而龍騰兮獵千里而如雹乃約安期浮伯之儔乳兮
從九坑而相娛復泛湘江而穿巫峽兮及釜山之蝸
廬更不值同志之士兮空嘵行於長途乃日夕尋孔
顏之樂兮長努力而加餐或乍晴而乍雨兮或入還
而出奔偶雙親之見背兮抱終身之衾恨遂剃酒而
剃腥兮辭室家而倚廬哀親之不得見兮不覺歲月
之長徂忽六年如一日兮恍如已終而復穌乃至甲
戌之暮春兮草木總翠散金而榮敷偶登太白之巔

兮相留連而踟躕覺此絳宮之有悟兮埵埍漓久而融踈如飛廉之逐電霆兮華景昆昆而升榑又如飛霓之皬皬兮取一屑於耿爐始知學聖人者如百川之觀海空見其澒濘潗澹兮汪洋而灌灌止羨其太頻之貝隨侯之珠珹珹而琲琲現科舉之累人兮皆欲富貴之縈靠信乎入聖有坦坦之周道兮人自恃其伎倆而慣行也故曰道之不明也我知之矣